CARL-LINK-FACHSCHRIFTENSAMMLUNG

Aufsichtspflicht in Kindertageseinrichtungen

Rechtlich begründete Antworten
auf Fragen der Praxis zur Aufsichtspflicht,
Haftung und zum Versicherungsschutz

Simon Hundmeyer, Professor für Recht
an der Kath. Stiftungsfachhochschule München

1. Auflage, 1993

CARL LINK VERLAG

Abgeschlossen nach dem Stand vom 1. Mai 1993

CIP-Kurztitelaufnahme der Deutschen Bibliothek

Hundmeyer, Simon:
Aufsichtspflicht in Kindertageseinrichtungen : Grundfragen zur Aufsichtspflicht, Aufsichtspflichtverletzung, Haftung und zum Versicherungsschutz mit praktischen Beispielen / bearb. von Simon Hundmeyer. – 1. Aufl. – Kronach/Frankenwald : Link, 1993
(Carl-Link-Fachschriften)
ISBN 3–556–23315–0

Verlagsnummer **2331.05** - 3/S - (ISBN 3–556–23315–0)

Gesamtherstellung: Carl Link Druck · GmbH, Güterstraße 8 · 96317 Kronach/Frankenwald

Printed in Germany – Imprimé en Allemagne

Vorwort

Der Verfasser der Broschüre weiß aus Anfragen sowie aus Erfahrungen in Fortbildungsveranstaltungen, daß sich Erzieherinnen und Erzieher sowie die Träger der Tageseinrichtungen für Kinder schwertun, aus allgemeinen Abhandlungen zur Aufsichtspflicht die richtigen Antworten auf Fragen der täglichen Praxis zu finden. Sie neigen deshalb aus Unsicherheit dazu, die Aufsichtspflicht zum Schaden des pädagogischen Handelns enger zu sehen, als die neueren Gerichtsentscheidungen und die Rechtslehre es fordern.

Die Broschüre will dazu beitragen, diese Unsicherheit abzubauen. Sie gibt rechtlich begründete Antworten auf häufig gestellte Fragen der Praxis der Kindertageseinrichtungen. Die Grundaussage zur Eingrenzung der Aufsichtspflicht lautet: „Was pädagogisch nachvollziehbar begründet ist, kann keine Aufsichtspflichtverletzung sein."

Der Verfasser war sehr um Allgemeinverständlichkeit bemüht, damit alle, die in Tageseinrichtungen tätig sind, die Broschüre nutzen können.

Um die Lesbarkeit nicht zu beeinträchtigen, wird keine Doppelform, sondern abwechselnd die männliche und weibliche Form (Erzieher, Erzieherin) gebraucht.

München, März 1993

Prof. Simon Hundmeyer

Inhaltsübersicht

Teil: Versicherungsschutz

Abkürzungsverzeichnis

Abs.	Absatz
AVR	Arbeitsvertragsrichtlinien der Wohlfahrtsverbände
BAT	Bundesangestelltentarifvertrag
BGB	Bürgerliches Gesetzbuch
bzw.	beziehungsweise
d.h.	das heißt
f.	folgender § oder folgende Seite
ff.	mehrere folgende §§ oder Seiten
KiTa	KiTa aktuell (Zeitschrift: Carl Link Verlag)
KJHG	Kinder- und Jugendhilfegesetz
Nr.	Nummer
RVO	Reichsversicherungsordnung
S.	Seite
s.	siehe
StGB	Strafgesetzbuch
usw.	und so weiter
vgl.	vergleiche
VVG	Versicherungsvertragsgesetz
z.B.	zum Beispiel

Literaturverzeichnis
(Auswahl)

Bauer/Hundmeyer/Oppl, Der Kindergarten in Bayern, Kommentar. Carl Link Verlag, Kronach.

Claussen, H./Vent, H.: Aufsichtspflicht und Aufsichtspflichtverletzung unter besonderer Berücksichtigung der Situation im Heim, Hannover

Eckert, J.: Wenn Kinder Schaden anrichten

Harms, G. u.a.: Rechtshandbuch für Erzieherinnen, Berlin

Hundmeyer, S.: Recht für Erzieherinnen und Erzieher, München

Münder, J.: Beratung, Betreuung, Erziehung und Recht, Münster

Sahliger, U.: Aufsichtspflicht und Haftung in der Kinder- und Jugendarbeit, Münster

Teil: Aufsichtspflicht

1. Zum Verständnis von Aufsichtspflicht

1.1 *Frage:*

Warum ist die Aufsichtspflicht immer noch ein Schreckgespenst in der sozialpädagogischen Praxis?

Wenn man bei Fortbildungsveranstaltungen zum Thema Aufsichtspflicht Erzieherinnen fragt, weshalb sie ein beklemmendes Gefühl beschleicht, wenn sie das Wort „Aufsichtspflicht" hören, antworten sie meist so oder ähnlich: *Sie fürchteten die Vorwürfe der Eltern und des Trägers der Einrichtung ... Sie wüßten nicht genau, was von ihnen erwartet würde ... Erzieherinnen stünden immer mit einem Bein im Gefängnis ... was sie pädagogisch für richtig hielten, ließe sich oft wegen der Aufsichtspflicht nicht machen ...*

Was ist aus rechtlicher Sicht dazu zu sagen?

Vorwürfen wird man immer ausgesetzt sein, wenn ein Kind sich verletzt. Das gehört zum Berufsrisiko. Eine andere Sache ist, ob die Vorwürfe auch gerechtfertigt sind, ob das Kind infolge Aufsichtspflichtverletzung Schaden erlitten hat.

Problematisch ist in der Tat, welche Anforderungen an die Erfüllung der Aufsichtspflicht gestellt sind. Aus Gesetzen lassen sich zwar die Rechtsfolgen der Aufsichtspflichtverletzung – Schadensersatz, Strafe, arbeitsrechtliche Konsequenzen bis hin zur Kündigung – herauslesen, Inhalt und Umfang der Aufsichtspflicht selbst sind aber nicht einmal umrissen. Hinweise, wie die Aufsichtspflicht zu erfüllen ist, könnte das Gesetz bei der Vielfalt der Umstände des Einzelfalls und der denkbaren Vorkommnisse auch schwerlich geben. Sie müßten entweder sehr allgemein gehalten sein, hätten dann aber kaum Aussagekraft, oder sie würden die Erziehungsarbeit zu stark einschränken und reglementieren. Der Gesetzgeber überläßt es deshalb den Gerichten (der Rechtsprechung, wie man auch sagt) und den Rechtslehrern (kurz: der Lehre), die Gesetze auszulegen, das heißt, in unserem Fall Maßstäbe für die Erfüllung der Aufsichtspflicht zu setzen. Lehre und Rechtsprechung haben aber bei der Gesetzesauslegung zu berücksichtigen, daß Eltern oder Erzieher nicht bloß die Aufsichtspflicht haben, sondern ebenso die Verpflichtung, die Kinder zu erziehen. Beide Verpflichtungen haben den gleichen Rang. Wie in einem demokratischen Staat Erziehung gesehen wird, kann aus den gesetzlich formulierten Leitbildern der Erziehung entnommen werden.

So heißt es im § 1626 Abs. 2 BGB für die Eltern: *„Bei der Pflege und Erziehung berücksichtigen die Eltern die wachsende Fähigkeit und das wachsende Bedürfnis des Kindes zu selbständigem, verantwortungsbewußtem Handeln."*

§ 1 Abs. 1 KJHG hält als gesetzliches Leitbild institutioneller Erziehung fest: *„Jeder junge Mensch hat ein Recht auf Förderung seiner Entwicklung und auf Erziehung zu einer eigenverantwortlichen und gemeinschaftsfähigen Persönlichkeit."*

In § 9 Nr. 2 KJHG findet sich für die Erfüllung der Aufgaben der Jugendhilfe ein ähnlicher Satz wie für die familiäre Erziehung in § 1626 Abs. 2 BGB.

Aufsichtspflicht

Schließlich nimmt § 22 Abs. 1 KJHG das in § 1 KJHG allgemein für die Jugendhilfe formulierte Leitbild der Erziehung auf und stellt es als Leitziel der Erziehung in Kindertageseinrichtungen besonders heraus, in dem es dort heißt: *„In Kindergärten, Horten und anderen Einrichtungen, in denen sich Kinder für einen Teil des Tages oder ganztags aufhalten (Tageseinrichtungen), soll die Entwicklung des Kindes zu einer eigenverantwortlichen und gemeinschaftsfähigen Persönlichkeit gefördert werden."*

Diese gesetzlichen Formulierungen, die alle aus neuerer und jüngster Zeit stammen, sind natürlich nicht ohne Einfluß auf die Rechtsprechung; deswegen würden manche Urteile aus früherer Zeit heute erzieherfreundlicher ausfallen.

Aus den eben zitierten Vorschriften sowie aus der pädagogischen Erwägung heraus, daß Kinder und Jugendliche nur dann lernen können, Risiken und Gefahren zu bewältigen, wenn sie auch gelernt haben, mit diesen umzugehen, ergibt sich, daß ein relativ weiter Spielraum besteht, der es im Einzelfall auch zuläßt, pädagogische Gesichtspunkte und Sicherheitsaspekte gegeneinander abzuwägen. Deshalb läßt sich folgender Satz formulieren, der den scheinbaren Widerspruch zwischen Erziehungsauftrag und den Anforderungen der Aufsichtspflicht auflöst: Was pädagogisch nachvollziehbar begründet ist (d.h. von den Erziehungszielen her gerechtfertigt und zugleich die Sicherheitsinteressen des Kindes und anderer mit berücksichtigt) kann keine Aufsichtspflichtverletzung sein. Damit kommt der pädagogischen Begründung des erzieherischen Verhaltens ausschlaggebende Bedeutung zu.

Falsch, zumindest aber maßlos übertrieben, ist die Behauptung, Erzieher stünden mit einem Bein im Gefängnis. Es gibt keinen Erzieher im Gefängnis, es sei denn wegen anderer Straftaten. Selbst in schwerwiegenden Fällen der Aufsichtspflichtverletzung wird eine Verurteilung selten über eine Geldstrafe und/oder Freiheitsstrafe mit Bewährung hinausgehen.

Daß das „Schreckgespenst Aufsichtspflicht" weiter sein Unwesen treiben kann, rührt wohl nicht zuletzt daher, daß man es trefflich benutzen kann. So bemühen es Träger und auch Leiterinnen bisweilen, um längere Diskussionen mit ihren pädagogischen Mitarbeitern über Sinn und Berechtigung von Dienstanweisungen zu vermeiden. Auch gegenüber Eltern läßt es sich gebrauchen, wenn diese die pädagogische Konzeption – z.B. in Richtung Öffnung der Tageseinrichtung – verändern wollen.

Zusammenfassende Antwort:

Die Aufsichtspflicht ist immer noch ein Schreckgespenst in der sozialpädagogischen Arbeit, weil das Gesetz nur die Folgen der Aufsichtspflichtverletzung regelt und es Lehre und Rechtsprechung überläßt, Maßstäbe für die Erfüllung der Aufsichtspflicht zu setzen. Hinzu kommt, daß die Rechtsprechung aus früheren Zeiten mit anderen pädagogischen Zielsetzungen für die Auslegung der Aufsichtspflicht heute teilweise wenig Orientierung bietet. Einen Widerspruch zwischen pädagogischer Zielsetzung und rechtlichen Anforderungen an die Aufsichtsführung kann es aber nicht geben, weil Erziehung und Aufsichtspflicht den gleichen Rang einnehmen. Deswegen kann man als Grundsatz formulieren: Was pädagogisch nachvollziehbar begründet ist, kann keine Aufsichtspflichtverletzung sein.

2. Übernahme der Aufsichtspflicht durch eine Kindertageseinrichtung

2.1 *Frage:*

Wie wird eine Tageseinrichtung für Kinder aufsichtspflichtig?

Die Aufsichtspflicht ist ein Teil der Personensorge. In § 1631 Abs. 1 BGB heißt es dazu wörtlich: „*Die Personensorge umfaßt insbesondere das Recht und die Pflicht, das Kind zu pflegen, zu erziehen, zu beaufsichtigen und seinen Aufenthalt zu bestimmen*".

Aufsichtspflichtig sind die Personensorgeberechtigten, die Personen also, denen das auf Gesetz beruhende Personensorgerecht für Minderjährige zusteht. Das sind bei einem ehelichen Kind nach § 1626 Abs. 1 BGB* in der Regel Vater und Mutter, und, wenn ein Elternteil gestorben ist, der noch lebende Elternteil (§ 1681 Abs. 1 BGB). Für ein nichteheliches Kind ist in der Regel die Mutter (§ 1705, BGB) personensorgeberechtigt. Auch Adoptiveltern besitzen die gesetzliche Personensorge (§ 1754 BGB). Sind die Eltern geschieden, übt gemäß § 1671 Abs. 1 BGB der Elternteil die Personensorge aus, dem sie vom Familiengericht zugesprochen worden ist. Eine Regelung der Personensorge kann vom Familiengericht auch schon während der Trennung der Eltern geschehen (§ 1672 BGB). Wenn das Kind keine personensorgeberechtigten Eltern mehr hat, weil sie tot sind oder weil das Vormundschaftsgericht ihnen die Personensorge, z.B. wegen Mißbrauchs (§ 1666 BGB), entzogen hat, bekommt das Kind einen Vormund, der gemäß § 1793 BGB die gleichen Rechte und somit auch das Personensorgerecht hat wie zuvor die Eltern. Falls Eltern nur Teile der Personensorge entzogen worden sind, erhält das Kind einen Pfleger, der gemäß § 1915 BGB dann aufsichtspflichtig ist, wenn die Aufsichtspflicht entsprechend dem vormundschaftsgerichtlichen Beschluß zu seinen Aufgaben gehört. Diese gesetzlich Personensorgeberechtigten haben die ursprüngliche Aufsichtspflicht. Sie haben neben der Erziehungspflicht und unter Beachtung der gesetzlichen Erziehungsziele (vgl. Abschnitt Nr. 1) darauf zu achten, daß ihre oder die ihnen anvertrauten Kinder nicht zu Schaden kommen und auch keine anderen Personen (sie werden in der Rechtsprache „Dritte" genannt) schädigen.

Andere Personen (z.B. Pflegeeltern, Erzieher) sind nur dann aufsichtspflichtig, falls sie die Aufsichtspflicht von den gesetzlich aufsichtspflichtigen Personensorgeberechtigten übernommen oder übertragen bekommen haben. Die Übernahme oder Übertragung ist rechtlich gesehen ein Vertrag. Man spricht deswegen auch von vertraglicher Aufsichtspflicht. Übernahme oder Übertragung der Aufsichtspflicht brauchen nicht ausdrücklich (d.h. schriftlich oder mündlich) zu geschehen. Es genügt die stillschweigende Übereinkunft zwischen den Personensorgeberechtigten und der Person, die das Kind in Obhut nimmt, wenn sich nur aus den Umständen ergibt, daß sich diese Person der rechtlichen Folgen einer derartigen Aufsichtsübernahme bewußt ist und sich entsprechend rechtlich binden will. Dabei spielt es grundsätzlich keine Rolle, ob die Beaufsichtigung kurz- oder längerfristig, unentgeltlich oder gegen Bezahlung erfolgt. Die übernommene (übertragene) Aufsichtspflicht ist inhaltlich die gleiche wie die ursprüngliche (gesetzliche) Aufsichtspflicht. Nur bezüglich der Anforderungen an die Aufsichtsführung kann ein Unterschied sein, schon wegen der Zahl der Kinder.

---

* Die einschlägigen Rechtsvorschriften sind im Anhang abgedruckt.

Aufsichtspflicht

Betreuungs-, Erziehungs- oder Aufnahmeverträge der Tageseinrichtungen für Kinder, die nicht schriftlich abgefaßt sein müssen, schließen die Aufsichtspflicht stillschweigend mit ein, weil die Übernahme der Aufsichtspflicht durch Tageseinrichtungen üblich und selbstverständlich ist und deswegen keiner ausdrücklichen Erwähnung bedarf. Genaugenommen übernimmt bei Tageseinrichtungen für Kinder der Rechtsträger durch den Aufnahmevertrag ausdrücklich oder stillschweigend die Aufsichtspflicht und delegiert sie als Verpflichtung im Rahmen des Arbeitsverhältnisses wiederum meist stillschweigend auf seine Mitarbeiter; stillschweigend deswegen, weil die Sorge für die anvertrauten Kinder selbstverständlich zur Tätigkeit eines Erziehers gehört.

Für Unternehmungen und Veranstaltungen im Rahmen der Aufgabenstellung der Tageseinrichtung (z.B. Spaziergänge, Besuche von Betrieben oder Einrichtungen am Ort) braucht die Tageseinrichtung keine besondere Erlaubnis der Personensorgeberechtigten. Wenn die Tageseinrichtung die Personensorgeberechtigten oder Pflegeeltern über diese informiert, spricht sie gezielt die Informationspflicht der Personensorgeberechtigten an, z.B. bezüglich gesundheitlicher Mängel der Kinder (siehe Nr. 5). Am besten ist es, wenn die Tageseinrichtung ihre pädagogische Konzeption den Personensorgeberechtigten offenlegt. Sie hat dann das stillschweigende Einverständnis für alle Unternehmungen im Rahmen dieser Konzeption.

Zusammenfassende Antwort:

Die ursprüngliche (gesetzliche) Aufsichtspflicht haben die Personensorgeberechtigten. Die Tageseinrichtungen für Kinder sind auf Grund der Aufnahmeverträge mit den Personensorgeberechtigten oder den sonstigen Erziehungsberechtigten (z.B. Pflegeeltern) aufsichtspflichtig. Die Aufsichtspflicht ist in der Regel stillschweigender Inhalt des Aufnahmevertrages. Die Mitarbeiter der Tageseinrichtungen übernehmen im Rahmen ihres Arbeitsverhältnisses die Aufsichtspflicht ebenso meist stillschweigend als Dienstpflicht.

X **2.2** *Frage:*

Haben der Kindergarten oder der Hort auch die Aufsichtspflicht für Besuchskinder?

Soeben war zu lesen, daß die Übernahme oder Übertragung der Aufsichtspflicht nicht ausdrücklich (schriftlich oder mündlich) zu geschehen braucht; daß vielmehr die stillschweigende Übereinkunft zwischen den Personensorgeberechtigten und der Person genügt, die das Kind in Obhut nimmt, wenn sich nur aus den Umständen ergibt, daß sich diese Person der rechtlichen Folgen der Aufsichtsübernahme bewußt ist und sich entsprechend rechtlich binden will. Das ist in der Regel bei einer Tageseinrichtung für Kinder der Fall. Solches Bewußtsein und ein rechtlicher Bindungswille darf auch angenommen werden, wenn ein von der Tageseinrichtung angenommenes Kind nur besuchsweise in der Einrichtung weilt, um sich „an die Luft der Einrichtung" zu gewöhnen. Tageseinrichtungen bezeichnen diese Besuchskinder oft als „Schnupperkinder".

Einen rechtlichen Bindungswillen wird man aber nicht ohne weiteres voraussetzen dürfen, falls ein Kind z.B. aus alter Anhänglichkeit den Kindergarten besucht oder einem Hortkind gestattet wird, einen Freund oder eine Freundin vorübergehend in den Hort mitzubringen. In diesen Fällen spricht man von einem

„Handeln aus Gefälligkeit", das keine Aufsichtspflicht begründet. Die Rechtsprechung nimmt eine Aufsichtspflicht nur bei weitreichender Obhut von längerer Dauer und/oder bei weitgehender Einwirkungsmöglichkeit an. (Die Verkehrssicherungspflicht obliegt dem Träger auch diesen Kindern gegenüber, vgl. Abschnitt Nr. 7.3.2)

Zusammenfassende Antwort:

Für Besuchskinder haben Tageseinrichtungen nur die Aufsichtspflicht, wenn dies mit dem Personensorgeberechtigten oder Pflegeeltern ausdrücklich vereinbart worden ist; bzw. zwischen den Personensorgeberechtigten oder Pflegeeltern und der Tageseinrichtung bereits ein Aufnahme- bzw. Betreuungsvertrag besteht. Nur dann kann angenommen werden, daß bei der Einrichtung ein rechtlicher Bindungswille vorhanden ist.

2.3 *Frage:*

Wer ist aufsichtspflichtig, wenn Eltern, andere Personensorgeberechtigte oder Pflegeeltern ihr Kind zu einer Veranstaltung einer Tageseinrichtung begleiten oder mit ihrem Kind dort anwesend sind?

Die ursprüngliche (gesetzliche) Aufsichtspflicht haben – wie schon mehrmals erwähnt – die Personensorgeberechtigten, also in der Regel die Eltern inne. Die Tageseinrichtungen für Kinder üben nur eine übertragene (vertragliche) Aufsichtspflicht aus. Die Übertragung kann auch stillschweigend geschehen, wenn es nach den Umständen als selbstverständlich angenommen werden kann, daß die Verantwortung und damit die Aufsichtspflicht bei der Tageseinrichtung liegt. Das ist nicht der Fall, wenn Eltern mit ihrem Kind in der Tageseinrichtung weilen oder es bei einer Veranstaltung der Tageseinrichtung begleiten. Hier haben sie im Zweifel die alleinige Verantwortung für ihr Kind. Das gleiche gilt für die von den Eltern beauftragten anderen Begleitpersonen (z.B. ältere Geschwister, Nachbarinnen). Um der Klarheit willen ist Tageseinrichtungen zu empfehlen, die Eltern oder die anderen Begleitpersonen darauf hinzuweisen. Anders ist die Frage zu beantworten, wenn die Tageseinrichtung einzelne Kinder z.B. zu einer „Vorführung" von den Eltern oder den Begleitpersonen wegholt. Hier ist die Tageseinrichtung für die Zeit, in der sie über die Kinder „verfügt", verantwortlich und damit auch aufsichtspflichtig.

Zusammenfassende Antwort:

Falls Eltern oder von den Eltern beauftragte Begleitpersonen mit „ihrem Kind" in einer Tageseinrichtung weilen oder es bei einer Veranstaltung begleiten, sind sie im Zweifel für das Kind aufsichtspflichtig. Das Kind untersteht hier nicht der Obhut der Einrichtung, solange es nicht dem Einfluß der Eltern oder Begleitpersonen „entzogen" ist.

2.4 *Frage:*

Kann auch einer minderjährigen Praktikantin die Aufsichtspflicht in einer Kindertageseinrichtung übertragen werden?

Minderjährige, das sind nach § 2 BGB noch nicht 18 Jahre alte Personen, können eine Rechtsverpflichtung wie die Aufsichtspflicht mit Einwilligung (vorheriger Zustimmung) ihrer gesetzlichen Vertreter, also in der Regel ihrer Eltern, übernehmen (§ 107 BGB). Wenn die Eltern damit einverstanden sind, daß ihre minderjährige Tochter als Praktikantin in einer Tageseinrichtung arbeitet, willigen sie auch in die Übernahme der Aufsichtspflicht für die Kinder ein, die die Tochter betreut, da die Aufsichtspflicht selbstverständlich zur Betreuung gehört. Daß die Praktikantin besonderer Anleitung und Beobachtung durch die Gruppenleiterin bedarf, wird in Abschnitt Nr. 6 näher erläutert werden.

Zusammenfassende Antwort:

Mit Einwilligung ihrer gesetzlichen Vertreter kann auch eine Praktikantin, die noch nicht 18 Jahre alt ist, die Verantwortung und damit die Aufsichtspflicht für die ihr anvertrauten Kinder übernehmen. Voraussetzung dafür ist nur, daß die Eltern damit einverstanden sind, daß die Tochter als Praktikantin in der Einrichtung arbeitet.

3. Dauer der Aufsichtspflicht in einer Tageseinrichtung für Kinder

3.1 *Frage:*

Wann und wo beginnt die Aufsichtspflicht?

Wann und wo die Aufsichtspflicht einer Kindertageseinrichtung beginnt, hängt davon ab, was zwischen den Personensorgeberechtigten (zum Begriff siehe Abschnitt Nr. 2), in der Regel also den Eltern oder den Pflegeeltern, und der Tageseinrichtung im Aufnahmevertrag vereinbart worden ist. Oft ist im Vertrag diesbezüglich auf die Kindergarten- bzw. Hortordnung verwiesen. Ausdrücklich (schriftlich oder mündlich) vereinbart ist dort meist nur die Öffnungszeit, d.h. Beginn und Ende der Betreuungszeit. Wo die Verantwortung der Tageseinrichtung beginnt, ist häufig nicht ausdrücklich geregelt. Es gilt dann, was stillschweigend – weil üblich und den Umständen nach selbstverständlich – von beiden Seiten aus der Sicht eines objektiven Dritten als vereinbart angesehen werden darf. Mit dem objektiven Dritten ist die Allgemeinheit gemeint. Es kommt also darauf an, wie die Allgemeinheit und nicht der einzelne Erzieher (das wäre die subjektive Sicht) die Situation sieht.

Wenn ein Kind allein in eine Tageseinrichtung kommt, beginnt die Aufsichtspflicht aus der Sicht eines Dritten an der Haus- oder Gartentür. Mit der Tür oder den Zaun zeigt die Einrichtung, daß das dahinterliegende Gelände und Haus zu ihrem Verfügungsbereich gehört, d.h. zu dem Bereich, wo die Tageseinrichtung „das Sagen" hat. Und wo jemand „das Sagen" hat, trägt er auch Verantwortung. Das bedeutet aber noch nicht, daß immer auch schon die Aufsichtspflicht verletzt wäre, wenn einem Kind innerhalb des Zauns oder hinter der Türe etwas passiert. Dazu ist Voraussetzung, daß die aufsichtspflichtigen Erzieher den Anforderungen der Aufsichtsführung schuldhaft nicht gerecht geworden sind (zu den Anforderungen an die Erfüllung der Aufsichtspflicht s. Abschnitt Nr. 5).

Entsprechend dem eben Gesagten haben auf dem Weg zur Tageseinrichtung die Personensorgeberechtigten die Aufsichtspflicht. Ihre Verantwortung endet, wenn das Kind den Bereich der Tageseinrichtung betritt. Nur dann kann stillschweigend angenommen werden, daß sich jemand von der Tageseinrichtung persönlich um das Kind kümmert.

Die Personensorgeberechtigten können auch nicht annehmen, daß ein Kind vor der Öffnungszeit in die Tageseinrichtung eingelassen wird. Kommt ein Kind vor der Öffnungszeit bei der Tageseinrichtung an und macht es einen Spaziergang, weil die Tageseinrichtung noch nicht aufgeschlossen ist, haben die Personensorgeberechtigten die Verantwortung. Ein Kind braucht vor der offiziellen Öffnung nicht eingelassen zu werden, es sei denn, die Witterungsverhältnisse, das Verkehrsgeschehen um die Einrichtung oder andere Umstände (z.B. Arbeiten an einer Baustelle) sind so außergewöhnlich ungünstig bzw. gefahrbringend, daß von der Einrichtung stillschweigend erwartet werden muß, daß sie das Kind vor der Öffnungszeit einläßt.

Wird ein Kind vor der Öffnungszeit eingelassen, hat die Tageseinrichtung die Aufsichtspflicht. Sie nimmt sozusagen das stillschweigende Angebot der Personensorgeberechtigten – überbracht durch das Kind – das Kind ausnahmsweise früher in Obhut zu nehmen, an.

Wem das, was stillschweigend gilt, vor allem beim Kindergarten zu unsicher und zu vage ist, der sollte eine ausdrückliche Vereinbarung treffen, etwa derart, daß die Personensorgeberechtigten oder eine von ihnen beauftragte Person das Kind in die Einrichtung bringt und es dort bei der verantwortlichen Erzieherin abgibt.

Selbstverständlich hat die Tageseinrichtung auch die Aufsichtspflicht bei Unternehmungen außerhalb des Hauses (z.B. Spaziergängen).

Zusammenfassende Antwort:

Wann und wo die Aufsichtspflicht einer Tageseinrichtung beginnt, hängt davon ab, was zwischen den Personensorgeberechtigten, in der Regel also den Eltern oder den Pflegeeltern eines Kindes, und der Tageseinrichtung ausdrücklich vereinbart worden ist. Nur wenn keine ausdrückliche Abmachung getroffen ist, gilt, was aus der Sicht eines objektiven Dritten gelten darf. Wenn eine Tageseinrichtung recht unüberschaubar ist, empfiehlt sich eine ausdrückliche Vereinbarung, daß das Kind in der Gruppe abgegeben wird.

3.2 *Frage:*

Wer ist aufsichtspflichtig, wenn ein Kind mit dem Bus in den Kindergarten oder Hort kommt und von dort wieder abgeholt wird?

Grundsätzlich haben auf dem Weg des Kindes zur Tageseinrichtung und von dort nach Hause die Personensorgeberechtigten die Aufsichtspflicht (s. Antwort auf die vorhergehende Frage). Andere sind nur dann aufsichtspflichtig, falls sie eine entsprechende Vereinbarung mit den Personensorgeberechtigten getroffen haben. Eine stillschweigende Übernahme der Aufsichtspflicht für Kinder im Bus durch den Hort- oder Kindergartenträger kann man nur annehmen, sofern der Träger der Tageseinrichtung den Bus stellt, gleich ob er selbst die Kinder befördert oder durch ein selbständiges Busunternehmen befördern läßt. Wie der Träger für die Aufsicht im Bus sorgt, bleibt ihm überlassen. Er kann eine Mitarbeiterin der Einrichtung oder auch Eltern – was empfehlenswert ist – damit beauftragen. Stillschweigend wird man grundsätzlich nicht annehmen dürfen, daß der Fahrer die Aufsichtspflicht für die Kinder übernimmt. Seine Aufgabe ist es, den Bus sicher im Straßenverkehr zu steuern. Der Fahrer kann sich aber ausdrücklich (schriftlich oder mündlich) bereit erklären, die Kinder zu beaufsichtigen. Fahrern von Kleinbussen (bis zu 8 Fahrgastplätze) wird man das zumuten können. Sie haben deshalb sogar stillschweigend – weil üblich und selbstverständlich – die Aufsichtspflicht für die Kinder, wenn nicht ausdrücklich etwas anderes vereinbart ist.

Falls die Kinder mit einem regelmäßig verkehrenden öffentlichen Verkehrsmittel befördert werden, bleibt die Verantwortung bei den Personensorgeberechtigten. Hier ist es weder üblich noch selbstverständlich, daß der Träger des Personennahverkehrs die Aufsichtspflicht für die beförderten Kinder übernimmt, (ausführlich dazu S. Hundmeyer und T.C. Kögel in „KiTa aktuell Bayern", 1990, S. 42).

Zusammenfassende Antwort:

Wenn der Träger eines Kindergartens oder Hortes die Beförderung der Kinder mit einem Bus organisiert, kann stillschweigend angenommen werden, daß er auch die Aufsichtspflicht für die Kinder im Bus hat.

3.3 *Frage:*

Wann endet die Aufsichtspflicht?

Die Aufsichtspflicht der Tageseinrichtung endet entsprechend der Vereinbarung mit den Personensorgeberechtigten bzw. den Pflegeeltern des aufgenommenen Kindes. Da beide Partner der Vereinbarung dem Wohl des Kindes verpflichtet sind – die Personensorgeberechtigten auf Grund Gesetzes (§§ 1627, 1631 BGB), die Tageseinrichtung auf Grund Vertrages (stillschweigende vertragliche Nebenpflicht) –, müssen sie absprechen, wie das Kind nach Ablauf der Öffnungszeit nach Hause gelangen soll. Ob das Kind allein heimgehen darf oder ob es abgeholt wird, und wer zur Abholung berechtigt ist, kann im Aufnahmevertrag oder durch eine gesonderte Erklärung bestimmt werden.

Wird ein Kind vereinbarungsgemäß abgeholt, endet die Aufsichtspflicht der Tageseinrichtung mit der Inempfangnahme des Kindes durch die abholende Person. Die Aufsichtspflicht der Tageseinrichtung lebt auch dann nicht wieder auf, wenn sich die abholende Person mit anderen Abholern unterhält und dabei das Kind unbeaufsichtigt läßt. Aus der Sicht eines objektiven Dritten (zum Begriff s. Abschnitt Nr. 3) übernimmt der Abholer mit der Kontaktaufnahme wieder selbst die Verantwortung für das Kind.

Zusammenfassende Antwort:

Die Aufsichtspflicht der Tageseinrichtung endet entsprechend der Vereinbarung der Vertragspartner. Die Personensorgeberechtigten bzw. die Pflegeeltern und die Tageseinrichtung müssen im Blick auf das Wohl des Kindes miteinander klären und vereinbaren, ob das Kind allein nach Hause gehen darf oder ob es abgeholt wird.

3.4 *Frage:*

Darf ein Kind allein heimgehen? Wann trotz einer entsprechenden Erklärung der Eltern nicht?

Wenn die Personensorgeberechtigten oder die Pflegeeltern erklären, daß das Kind allein heimgehen darf und der Kindergarten oder Hort damit einverstanden ist, sind die Personensorgeberechtigten bzw. die Pflegeeltern dafür auch verantwortlich.

Das Kind darf aber ohne Absprache nicht vorzeitig auf den Heimweg geschickt werden.

Die Aufsichtspflicht der Tageseinrichtung verlängert sich über die Öffnungszeit hinaus, sofern gefahrenerhöhende Umstände eingetreten sind, die nur der Einrichtung bekannt sind und die von den Eltern bei der Abgabe der Erklärung (daß das Kind allein heimgehen darf) nicht vorauszusehen waren und deswegen bei ihrer Entscheidung auch nicht berücksichtigt werden konnten; in den Fällen also, bei denen bei vernünftiger und verantwortungsbewußter Einschätzung der Situation die Annahme gerechtfertigt ist, daß die von den Eltern abgegebene Erklärung unter den gegebenen Umständen nicht mehr deren Willen entspricht. Als Umstände dieser Art lassen sich denken: Erkrankung eines Kindes während des Aufenthalts in der Tageseinrichtung, Gewitter, starker Schneesturm. In solchen Fällen hat die Tageseinrichtung eine durch den Aufnahmevertrag begründete Garantenpflicht. Sie muß dafür sorgen, daß das Kind ungefährdet nach Hause kommt, daß es abgeholt oder heimgebracht wird oder so lange in der Tageseinrichtung verbleibt, bis die Gefahr vorüber ist. (Diese Fälle der Garantenpflicht werden von Versicherungsträgern, auch manchmal von der Verkehrswacht und der Polizei rechtlich unbegründet dahingehend verallgemeinert und erweitert, daß die Tageseinrichtung für den Nachhauseweg der Kinder grundsätzlich verantwortlich bleibt und es deshalb überhaupt nicht zulassen darf, daß die Personensorgeberechtigten ihr Kind allein heimgehen lassen. Jede verantwortungsbewußte Erzieherin hat für derlei Ausnahmefälle aber ein sicheres Gespür.

Der Tageseinrichtung bleibt es selbstverständlich unbenommen, den Eltern zu raten, ihr Kind abzuholen, wenn sie meint – dafür kann es allgemein und im Einzelfall gute Gründe geben – daß das Kind nicht allein heimgehen kann.

Zusammenfassende Antwort:

Falls die Personensorgeberechtigten bzw. Pflegeeltern mit dem Kindergarten oder Hort die Abmachung getroffen haben, daß das Kind allein heimgehen darf, haben sie für den Nachhauseweg die Verantwortung. Trotz entsprechender Vereinbarung oder Erklärung darf das Kind ausnahmsweise nicht allein heimgeschickt werden, wenn gefahrenerhöhende Umstände es nicht erlauben, das Kind ohne Begleitung nach Hause gehen zu lassen.

3.5 *Frage:*

Können die Eltern verpflichtet werden, ihr Kind vom Kindergarten abzuholen?

Um die durch die Garantenpflicht bedingten Unsicherheiten zu vermeiden, oder prinzipiell aus Verantwortung für die Kinder kann der Kindergarten (muß nicht!) mit den Eltern vereinbaren, daß das Kind abgeholt wird. Diese Abholpflicht kann im Aufnahmevertrag oder in einer gesonderten Erklärung festgelegt sein. Sie kann auch in der Kindergartenordnung und bei gemeindlichen Einrichtungen in einer Satzung stehen.

Problematisch wird es nur, sofern Eltern die Abholpflicht nicht akzeptieren wollen. Unbedenklich ist es nicht, wenn die Aufnahme eines Kindes deswegen abgelehnt wird. Immerhin haben die Eltern das grundgesetzlich geschützte und garantierte Erziehungs- und Entscheidungsrecht für ihre Kinder. Andererseits wird man eine solche Vertragsbedingung bei der heutigen Verkehrssituation und in Anbetracht der Erkenntnisse der Verkehrspsychologie, wonach Kinder sich erst im Schulalter ähnlich wie Erwachsene im Straßenverkehr verhalten können, nicht als unangemessen oder gar willkürlich oder rechtsmißbräuchlich und damit als unwirksam beurteilen dürfen.

Das Gesagte gilt grundsätzlich entsprechend auch für die Aufsichtspflicht im Hort. Sehr fraglich ist es allerdings, ob ein Hort eine Abholpflicht bei Kindern über etwa 8 Jahren zur Aufnahmebedingung machen kann. Es gibt dafür – vom Einzelfall abgesehen – wohl kaum sachlich nachvollziehbare Gründe.

Zusammenfassende Antwort:

Die Träger können eine Abholpflicht zur Vertragsbedingung machen. Diese kann auch in einer gemeindlichen Satzung festgelegt sein.

3.6 *Frage:*

Was ist dem Kindergarten oder Hort zu raten, falls eine Mutter telefonisch bittet, ein Kind ausnahmsweise – normalerweise wird es vereinbarungsgemäß abgeholt – allein heimgehen zu lassen oder jemand anderem mitzugeben?

Hier wird die Vereinbarung zwischen der personensorgeberechtigten Mutter und der Einrichtung, daß das Kind abgeholt wird, für einen bestimmten Tag mündlich abgeändert. Weil es sein kann, daß die Mutter den Anruf leugnet, wenn dem Kind auf dem Heimweg etwas zustößt, ist zu empfehlen, die Bitte der Mutter beweisbar zu machen, etwa in der Art, daß die Mitarbeiterin, die den Anruf entgegennimmt, den Wunsch der Mutter einer Kollegin mitteilt oder in die Gruppe ruft. Damit schafft sie sich Zeugen für den Anruf. Denn wer würde ohne Veranlassung, sozusagen aus „Jux und Tollerei", in die Gruppe rufen, daß ein bestimmtes Kind ausnahmsweise allein heimgehen darf oder von jemand anderem abgeholt wird. Keine Beweiskraft hätte aber die Eintragung des Anrufs in ein neben dem Telefon liegendes Notizbuch, denn diese Notiz könnte auch später erfolgt sein.

Zusammenfassende Antwort:

Sofern entgegen einer schriftlichen Abholvereinbarung ein Kind auf den telefonischen Anruf des Personensorgeberechtigten hin allein heimgehen oder von jemand anderem mitgenommen werden soll, soll sich der Kindergarten oder Hort dafür Zeugen schaffen, indem die Mitarbeiterin, die den Anruf entgegennimmt, den Wunsch der Mutter einer Kollegin mitteilt.

3.7 *Frage:*

Wie soll sich die Kindertageseinrichtung verhalten, wenn ein Elternteil darum bittet, dem anderen Elternteil das Kind nicht mehr mitzugeben?

Eine solche Bitte ist öfter von Müttern zu hören, die „in Scheidung leben". Je nachdem ob das Scheidungsverfahren noch läuft oder vom Familiengericht über den Scheidungsantrag bereits entschieden ist, ist die Antwort verschieden.

Solange das Familiengericht nicht entschieden hat, daß einem Elternteil allein die elterliche Sorge für ein gemeinsames Kind zusteht, haben beide Elternteile die volle elterliche Sorge (§§ 1671, 1626 BGB), welche die Personensorge einschließt. (Schon während des Scheidungsverfahrens kann das Familiengericht eine vorläufige Entscheidung über die Ausübung der elterlichen Sorge treffen.)

Die Personensorge umfaßt nach § 1632 Abs. 1 BGB auch das Recht, das Kind von jedem herauszuverlangen, der es einem Elternteil widerrechtlich vorenthält. Die Kindertageseinrichtung hat kein Recht, einem Elternteil das Kind vorzuenthalten, solange es nicht vorläufig oder endgültig dem anderen zugesprochen worden ist. Sobald das Familiengericht – vorläufig oder endgültig – rechtskräftig entschieden hat, darf das Kind dem Nicht-Sorgeberechtigten nicht mehr „ausgehändigt" werden. In Gefahr für Leib und Leben brauchen sich Erzieherinnen aber nicht zu begeben.

Das gleiche gilt, wenn der Vater sein nichteheliches Kind ohne Erlaubnis der Mutter abholen will. Er hat – in den alten Bundesländern – keine elterliche Sorge.

Zusammenfassende Antwort:

Solange beide Elternteile die elterliche Sorge haben, darf die Kindertageseinrichtung einem Elternteil das Kind nicht vorenthalten, wenn er es abholen will. Erst nachdem das Familiengericht eine vorläufige oder endgültige Entscheidung getroffen hat, darf das Kind dem Nicht-Sorgeberechtigten nicht mehr zur Abholung übergeben werden.

3.8 *Frage:*

Was wird rechtlich von einer Kindertageseinrichtung erwartet, falls ein Angetrunkener ein Kind abholen will?

Abholberechtigt sind die Personensorgeberechtigten und die von ihnen Beauftragten. Droht dem Kind seitens des Abholers erkennbar Gefahr, dann darf die Tageseinrichtung ihm das Kind nicht überlassen.

Nach § 1632 Abs. 1 BGB kann zwar der Sorgeberechtigte oder der von ihm Beauftragte grundsätzlich das Kind von jedem herausverlangen, der es ihm widerrechtlich vorenthält. Da aber der Sorgeberechtigte bzw. die von ihm Beauftragten das Wohl des Kindes zu berücksichtigen haben (§ 1627 BGB), ist jedes Herausgabeverlangen rechtsmißbräuchlich und damit unzulässig, falls es das Kindeswohl nicht beachtet. Demgemäß hat der Abholer keinen Anspruch auf Überlassung des Kindes, und die Kindertageseinrichtung würde ihre Garantenpflicht verletzen, wenn sie das Kind einer Gefährdung durch den Abholer aussetzte.

Was ist deshalb der Kindertageseinrichtung zu raten? Beabsichtigt ein von den Personensorgeberechtigten Beauftragter in angetrunkenem Zustand das Kind abzuholen, sollen sofort die Sorgeberechtigten verständigt werden. Will ein angetrunkener Sorgeberechtigter selbst sein Kind abholen, soll möglichst der andere Elternteil verständigt werden. Ist dieser nicht erreichbar oder sieht er sich nicht in der Lage, das Kind zu schützen, ist notfalls das Jugendamt oder die Polizei zu bitten, das Kind in seine Obhut zu nehmen. Eine Gefährdung der eigenen Person brauchen Erzieherinnen nicht zu riskieren.

Aufsichtspflicht

Zusammenfassende Antwort:

Falls ein angetrunkener Abholberechtigter oder Personensorgeberechtigter ein Kind abholen will, darf ihm das Kind nicht überlassen werden. Die Tageseinrichtung ist verpflichtet, nach Lösungen zu suchen, die das Kind nicht gefährden; notfalls ist das Jugendamt oder die Polizei einzuschalten. Eine Gefährdung der eigenen Person braucht eine Leiterin oder Erzieherin nicht zu riskieren.

3.9 *Frage:*

Was kann die Kindertageseinrichtung tun, wenn ein Kind nicht rechtzeitig abgeholt wird?

Wenn ein Kind nicht zur vereinbarten Zeit abgeholt wird, verletzen die Eltern ihre vertraglichen Pflichten. Das berechtigt jedoch die Einrichtung nicht, nun auch ihrerseits die übernommenen Verpflichtungen nicht mehr einzuhalten und z.B. das Kind ohne Begleitung heimzuschicken oder unbeaufsichtigt zu lassen. Mit der Aufnahme des Kindes ist die Kindertageseinrichtung verpflichtet, um das Wohl des Kindes besorgt zu sein. Diese Verpflichtung entfällt nicht durch die Pflichtverletzung der Eltern.

Nach dem Rechtsgrundsatz von Treu und Glauben muß sich die Kindertageseinrichtung aber nicht mehr streng an die Abmachung halten, sondern darf sich die Erfüllung ihrer Pflichten dadurch erleichtern, daß sie die übernommene Aufsichtspflicht anderen Personen mit deren Zustimmung überträgt oder andere Möglichkeiten findet, die ihr die Vertragserfüllung zumutbar machen.

Was heißt das im konkreten Fall? Zunächst wird die Einrichtung versuchen, die Eltern oder die mit der Abholung des Kindes beauftragten Personen telefonisch zu erreichen. Gelingt das nicht, sind folgende Möglichkeiten denkbar und rechtlich zulässig: Die Einrichtung übergibt das Kind der Putzfrau oder dem Hausmeister, falls diese bereit sind, das Kind zu beaufsichtigen. Die Verantwortung dafür, daß sie geeignet und in der Lage sind, das Kind zu beaufsichtigen, bleibt bei der Einrichtung. Eine andere Möglichkeit ist, daß eine Mitarbeiterin der Einrichtung das Kind mit ihrem PKW nach Hause fährt. Sie muß sich dann darum kümmern, daß das Kind daheim eine aufsichtbereite Person antrifft, oder sie gibt das Kind bei einer – möglichst ihr bekannten – Nachbarin ab, die bereit ist, es so lange bei sich zu beaufsichtigen, bis die Eltern das Kind abholen. Auch hier liegt die Auswahlverantwortung wieder bei der Einrichtung. Eine weitere denkbare Möglichkeit ist, daß eine Mitarbeiterin der Einrichtung das Kind zu sich nach Hause mitnimmt. In jedem Fall muß den Eltern oder den mit der Abholung beauftragten Personen mitgeteilt werden (z.B. durch einen Zettel an der Kindergartentür), wo sie das Kind abholen können.

Da das Betreuungsverhältnis zwischen Kindertageseinrichtung und Eltern ein Dauerschuldverhältnis ist, kann es nach dem Grundsatz von Treu und Glauben (§ 242 BGB) aus einem wichtigen Grund gekündigt werden. Ein pflichtwidriges Verhalten wie das nicht rechtzeitige Abholen des Kindes rechtfertigt aber eine Kündigung nur nach erfolgloser Abmahnung. Das Kind muß also wiederholt zu spät abgeholt worden sein, und den Eltern muß deswegen die Kündigung erfolglos angedroht worden sein.

Das Gesetz kennt auch Schadensersatzverpflichtungen, wenn ein Vertrag schuldhaft verletzt wird (positive Forderungsverletzung). Denkbar wäre also – wenn auch praktisch kaum durchsetzbar – daß die Tageseinrichtung einen möglichen finanziellen Aufwand (z.B. für Überstunden), den sie nachweisen muß, den Eltern in Rechnung stellt.

Zusammenfassende Antwort:

Falls Personensorgeberechtigte oder Pflegeeltern ein Kind nicht rechtzeitig von der Tageseinrichtung abholen, verletzen sie ihre vertraglichen Verpflichtungen. Das berechtigt aber den Träger bzw. die Mitarbeiterinnen der Tageseinrichtung nicht, auch ihrerseits die übernommenen Verpflichtungen nicht mehr zu erfüllen. Wohl aber dürfen sie nach Möglichkeiten suchen, sich die Vertragserfüllung zu erleichtern, ohne die Verantwortung für das Kind aufzugeben. Im Wiederholungsfalle und nach Androhung kann der Träger das Vertragsverhältnis wegen Pflichtverletzung auch kündigen. Schließlich könnte er einen ihm durch die verspätete Abholung entstandenen Aufwand ersetzt verlangen.

4. Art und Umfang der Aufsichtsführung

4.1 *Frage:*

Wovon ist es abhängig, wie Aufsicht zu führen ist?

Welche Aufsicht erforderlich ist, richtet sich nach den persönlichen Eigenschaften des Kindes, den sonstigen Umständen sowie danach, was einem verständigen Aufsichtspflichtigen nach seinen Verhältnissen und bei vernünftigen Anforderungen zugemutet werden kann. Art und Umfang der Aufsicht sind also – mit anderen Worten – von der Individualität des Aufsichtsbedürftigen, den objektiven Gegebenheiten der Aufsichtssituation und den persönlichen Verhältnissen des Aufsichtspflichtigen, kurz ausgedrückt: von der Aufsichtssituation bei vernünftigen Anforderungen an die Aufsichtsführung abhängig.

Zur Individualität gehören: Alter, Entwicklungsstand, Eigenschaften, Erfahrung. An die Aufsichtsführung über einen Fünfjährigen werden demnach andere Anforderungen gestellt werden müssen als an die bei einem Vierzehnjährigen. Bedeutsamer als das Alter sind dabei der Reife- und Erziehungsstand und das bisherige Verhalten des Kindes. Die Feststellung, die Aufsichtspflicht richte sich auch nach den sonstigen Umständen, soll besagen: Art und Umfang der Aufsicht werden verschieden sein, je nachdem ob und wieviele Kinder beispielsweise im Gruppenraum spielen oder auf dem Gehsteig entlang einer verkehrsreichen Straße geführt werden, ob sie mit Bauklötzchen spielen oder mit Werkzeugen wie Schere oder Säge hantieren.

Mit dem, was einem verständigen Aufsichtspflichtigen nach vernünftigen Anforderungen zugemutet werden kann, ist gemeint, daß von einem Aufsichtspflichtigen kein Verhalten erwartet wird, das einen Menschen physisch und psychisch überfordert. Hier wird eventuell der Überforderer zur Verantwortung gezogen (s. Abschnitt Nr. 5). Vor allem aber wird keine Aufsicht verlangt, die den gesetzlich festgelegten Erziehungszielen, insbesondere der Erziehung zur Selbständigkeit eines Kindes, zuwiderläuft (vgl. Abschnitt Nr. 1). Ein verständiger (seinen Verstand einsetzender) Aufsichtspflichtiger wird selbstverständlich auch auf die Gesundheit des Kindes achten und das Interesse und das Bedürfnis Dritter mitberücksichtigen, von Kindern nicht geschädigt zu werden.

Zusammenfassende Antwort:

Wie Aufsicht zu führen ist, ist von der persönlichen, körperlichen sowie geistig-seelischen Verfassung des Kindes, den sonstigen (außerhalb der Person des Kindes liegenden) Umständen und davon abhängig, was bei vernünftigen Anforderungen von einem verständigen Aufsichtspflichtigen erwartet werden kann.

5. Anforderungen an die Aufsichtsführung

5.1 *Frage:*

Was muß ein Erzieher tun, damit ihm nicht begründet der Vorwurf der Aufsichtspflichtverletzung gemacht werden kann?

Vorwürfen – so haben wir eingangs (vgl. Abschnitt Nr. 1) schon festgestellt – wird ein Erzieher stets ausgesetzt sein, wenn ein Kind sich verletzt hat oder von anderen verletzt worden ist. Die Frage kann nur sein, ob die Vorwürfe auch zu Recht erhoben werden.

Aus dem im vorangegangenen Abschnitt Nr. 4 Gesagten wird deutlich, daß wegen der jeweiligen Situationsabhängigkeit keine Handlungsempfehlungen für eine „richtige" Aufsichtsführung im Einzelfall gegeben werden können. Wir wollen es dennoch nicht bei dieser allgemeinen Feststellung belassen, sondern fragen, ob man Pflichten oder Anforderungen benennen kann, die – werden sie erfüllt bzw. beachtet – berechtigten Vorwürfen der Aufsichtspflichtverletzung vorbeugen oder begegnen.

Solche Pflichten bzw. Anforderungen an die Aufsichtsführung lassen sich in der Tat in Gerichtsurteilen nachlesen, die zwar jeweils auf einen konkreten Einzelfall hin ergangen sind, dennoch aber allgemeingültige Aussagekraft beanspruchen können.

Es ist deshalb die Feststellung erlaubt: Wenn die nachfolgend genannten Pflichten beachtet werden, wird man kaum von einer schuldhaften Aufsichtspflichtverletzung sprechen können, selbst für den Fall, daß ein Kind sich verletzt oder andere schädigt.

– **Informationspflicht**

Da sich die Aufsichtsführung an der Individualität der anvertrauten Kinder und den sonstigen (außerhalb der Person des Kindes liegenden) Umständen zu orientieren hat, muß der Aufsichtspflichtige über die anvertrauten Kinder Bescheid wissen und sich über spezielle Risiken informieren, die die äußeren Umstände (des Arbeitsbereichs, der Umgebung, der Unternehmung) in sich bergen. So muß der Aufsichtspflichtige über eventuelle Behinderungen oder Gesundheitsschäden des Kindes informiert sein sowie die einschlägigen Unfallverhütungsvorschriften und Gesundheitsvorschriften sowie das Bundesseuchengesetz beachten. Am besten hält man solche Auskünfte über Behinderungen bzw. Gesundheitsschäden (z.B. Allergien, Zuckerkrankheit, Herzfehler) im Aufnahmevertrag fest oder man läßt sich hierzu eine gesonderte Erklärung der Personensorgeberechtigten oder der Pflegeeltern geben. Erleidet das Kind einen Schaden, der auf einen verborgenen Gesundheitsmangel zurückzuführen ist, über den nicht informiert worden ist, liegt keine Aufsichtspflichtverletzung der Tageseinrichtung vor.

Die Kinder zu informieren heißt, diese in einer ihrem Alter und ihrer Entwicklung gemäßen Weise auf mögliche Gefahren (z.B. bei Spiel und Sport, im Straßenverkehr, bei Ausflügen) hinzuweisen und sie vor falschem Verhalten zu warnen. Kleineren Kindern wird man auch das Hantieren mit Werkzeug (Scheren, Messern, Hämmern, Sägen usw.) erklären und unter Umständen die richtige Verhaltensweise vormachen. Ob, wie, in welchem Umfang und wie oft Kinder informiert bzw. ermahnt werden müssen, richtet sich nach der Geartetheit der Kinder selbst und der Gefahrensituation. Selbst wiederholte Mahnungen und Warnungen können erfahrungsgemäß „zum einen Ohr hinein – und zum anderen wieder herausgehen". Deshalb gilt auch hier der Satz, was pädagogisch nachvollziehbar begründet ist, kann keine Aufsichtspflichtverletzung sein.

– Überwachungspflicht

Belehrungen und Ermahnungen allein reichen bei Kindern meist nicht aus, um der Aufsichtspflicht zu genügen. Der Aufsichtspflichtige muß sich auch vergewissern, ob sie verstanden und befolgt werden. Er wird also das Kind überwachen müssen. Das heißt aber nicht, daß ein Kind ständig beaufsichtigt werden muß. Je nach Situation, Alter und Entwicklungsstand kann auch ein gelegentliches, stichprobenartiges Kontrollieren genügen. Je weniger jedoch der Aufsichtspflichtige das Kind kennt, je unzuverlässiger es sich in der Vergangenheit erwiesen hat, je riskanter ein Spiel oder eine Situation ist und je wahrscheinlicher es ist, daß Gebote und Verbote mißachtet werden, desto beständiger und umfänglicher wird ein Kind überwacht werden müssen.

Letztlich ist es wiederum eine pädagogische Frage, wie intensiv ein Kind zu beaufsichtigen ist. Deshalb sei noch einmal wiederholt: Was unter Abwägung pädagogischer Zielsetzungen und des Sicherheitsinteresses des Kindes oder Dritter begründet ist, ist keine Aufsichtspflichtverletzung. Unzumutbares wird nicht verlangt (siehe Abschnitt Nr. 4). In Erinnerung sei auch gerufen, daß Berufserzieher im Prinzip keine andere Aufsichtspflicht haben als die Personensorgeberechtigten (vgl. hierzu Abschnitt Nr. 2). Lediglich die Zahl der zu betreuenden Kinder und die damit verbundenen Risiken sind hier mitzubedenken.

– Pflicht zum Eingreifen

Falls ein Kind sich so verhält, daß es mit hoher Wahrscheinlichkeit einen Schaden erleidet, ist es die Pflicht der aufsichtsführenden Person, den Schaden zu verhindern. Wie das Eingreifen im konkreten Fall aussieht, hängt von der jeweiligen Situation ab. Es kann mit Worten wie notfalls mit körperlichem Einsatz geschehen. Letztlich ist auch das eine pädagogische Frage.

Ehe nun eine zusammenfassende Antwort auf die Frage gegeben wird, was ein Erzieher tun muß, damit ihm nicht der begründete Vorwurf der Aufsichtspflichtverletzung gemacht werden kann, sollen noch einige weitere Fragen aus dem Alltag der Tageseinrichtungen beantwortet werden:

Eine Erzieherin in einer Kindertageseinrichtung darf, ohne ihre Überwachungspflicht zu verletzen, den Gruppenraum verlassen, um auf die Toilette zu gehen. Vernünftigerweise wird man von ihr – wie von den Personensorgeberechtigten auch – nicht erwarten, daß sie ihre Kinder mit zur Toilette nimmt oder gar im Gruppenraum „auf den Topf geht". Eine verständige Aufsichtsführende weiß aber auch, daß Ermahnungen und Warnungen bei kleineren Kindern nicht ausreichen. Sie wird die Kinder nicht ohne Aufsicht im Raum zurücklassen, falls die Situation dies verbietet, weil die Kinder z.B. gerade mit Gegenständen hantieren, mit denen sie sich oder andere erfahrungsgemäß leicht verletzen können.

Die Antwort ist die gleiche, wenn es an der Haustür klingelt oder das Telefon läutet. Im Sinne der Erziehung zur Selbständigkeit liegt es auch, manche Kinder allein in den Garten oder in den Gymnastikraum zu schicken, sofern die Erzieherin die Kinder kennt und weiß, daß sie nicht jede Gelegenheit nutzen, um „über die Stränge zu schlagen".

Bei Hortkindern gilt das um so mehr. Aber auch in einem Hort wird die Erzieherin die Gruppe nicht ohne anderweitige Aufsicht für längere Zeit verlassen, falls dort „dicke Luft" herrscht und zu erwarten ist, daß ein paar Kampfhähne die Situation ausnutzen und aufeinander losgehen.

Sofern nicht besondere Umstände im Einzelfall dagegen sprechen (z.B. die labile psychische Situation eines Kindes, negative Erfahrungen mit einzelnen Gruppenmitgliedern) bestehen keine Bedenken und im Sinne der Selbständigkeitserziehung ist es sogar wünschenswert, wenn ein paar Hortkinder sich ohne Aufsicht etwa im Bastelraum oder auf dem Sportplatz aufhalten oder mit Zeitabsprache in das Dorf bzw. in die Stadt gehen.

Die Öffnung des Hortes, wie sie heute pädagogisch gefordert und bisweilen auch schon praktiziert wird, braucht nicht an den Anforderungen der Aufsichtspflicht zu scheitern.

Zusammenfassende Antwort:

Einem Erzieher kann nicht begründet der Vorwurf der Aufsichtspflichtverletzung gemacht werden, falls er sich über die persönliche Verfassung des Kindes und über die sonstigen Umstände, die für die Aufsichtsführung Bedeutung haben, informiert, das Kind in einer seinem Alter und seiner Entwicklung gemäßen Weise auf mögliche Gefahren aufmerksam macht, es vor falschem Verhalten warnt und sich vergewissert, daß das Kind seine Warnungen und Ermahnungen verstanden hat und befolgt. Schließlich muß er das Kind in einer Weise überwachen, wie dies einem verständigen Aufsichtspflichtigen unter Abwägung pädagogischer Zielsetzungen und Risiken für das Kind und andere vernünftigerweise zugemutet werden kann. Notfalls muß er zum Schutz des Kindes oder anderer auch eingreifen.

6. Delegation der Aufsichtspflicht

6.1 *Frage:*

Unter welchen Voraussetzungen darf der Aufsichtspflichtige seine Aufsichtspflicht an andere übertragen (delegieren)?

Der Vertragspartner der Personensorgeberechtigten oder Pflegeeltern, die ein Kind in einer Tageseinrichtung unterbringen, ist in der Regel der Rechtsträger (Gemeinde, Kirche etc.) der Einrichtung. Er übernimmt meist stillschweigend die

Aufsichtspflicht und delegiert sie – wiederum meist stillschweigend – auf die Leiterin und diese auf ihre Mitarbeiterinnen. Träger und Leiterin dürfen die Aufsichtsführung aber nur geeigneten Personen delegieren, d.h. an Personen, die zur Aufsichtsführung körperlich und geistig fähig sind, genügend Lebenserfahrung besitzen, zuverlässig und gewissenhaft sind. Der Aufsichtspflichtige muß daher die Person, an die er die Aufsichtsführung delegieren will, sorgfältig auswählen und sie über die Besonderheiten der Kinder oder andere Problemlagen informieren, die für die Aufsichtsführung Bedeutung haben können. Der Aufsichtsführende darf auch nicht überfordert werden, z.B. durch zu wenig Personal oder eine zu große Gruppe. Wieviel Personal nötig ist und wie groß die Gruppe sein darf, um sie ausreichend beaufsichtigen zu können, hängt nicht nur von der Zahl, sondern ebenso vom Alter, den Eigenheiten der Kinder sowie den sonstigen Umständen ab. Einen allgemeingültigen Maßstab dafür gibt es nicht.

Falls der Träger oder die Leiterin einer ungeeigneten Person die Aufsicht delegiert oder eine an sich geeignete Person überfordert, verletzen diese selbst die Aufsichtspflicht, vorausgesetzt natürlich, daß der Schaden auf die Ungeeignetheit oder Überforderung der Aufsichtsperson zurückzuführen ist. Lehre und Rechtsprechung reden hier auch von einem Organisationsverschulden.

Das eben Gesagte gilt im Prinzip auch für Mütter, die in der Kindertageseinrichtung mitarbeiten oder bei einer Veranstaltung der Einrichtung aushelfen und nicht bloß ihre eigenen Kinder beaufsichtigen.

Zusammenfassende Antwort:

Der Träger einer Tageseinrichtung für Kinder kann seine Aufsichtspflicht an die Leiterin, die Erzieherinnen oder eine sonstige geeignete Person delegieren. Er hat dafür die Auswahlverantwortung. Auch darf er die aufsichtsführenden Personen nicht überfordern. Falls der Träger ungeeignetes Personal Aufsicht führen läßt oder sein Personal überfordert, verletzt er selbst die Aufsichtspflicht.

6.2 *Frage:*

Kann die Aufsichtspflicht auch an eine Kinderpflegerin, Praktikantin oder sonstige pädagogische Zweitkraft delegiert werden?

Eben haben wir festgestellt, daß der Träger einer Tageseinrichtung die von ihm übernommene Aufsichtspflicht nicht persönlich erfüllen muß. Er kann sie an seine Mitarbeiterinnen delegieren, bleibt aber insoweit in der Verantwortung, als er die Aufsichtspflicht nur an Bedienstete delegieren darf, die geeignet, d.h. in der Lage sind, diese Aufgabe wahrzunehmen. Wer geeignet ist, hängt in erster Linie von dessen persönlichen Fähigkeiten und Erfahrungen, dessen Zuverlässigkeit und Gewissenhaftigkeit ab. In der Schule werden solche Fähigkeiten und Erfahrungen bzw. Charaktereigenschaften nicht gelehrt und erworben. Die Eignung für die Aufsichtsführung ist demzufolge auch nicht von einer Schulausbildung abhängig. Andererseits werden in der Ausbildung Kenntnisse erworben und Erfahrungen gesammelt, die den Ausgebildeten befähigen, mit einer Gruppe anders umzugehen und andere pädagogische Mittel einzusetzen, als es Unausgebildeten möglich ist. Daher kann grundsätzlich auch eine Kinderpflegerin, Praktikantin oder sonstige pädagogische Zweitkraft mit der Aufsichtsführung betraut werden.

Delegation der Aufsichtspflicht

Wenn es zweifelhaft ist, ob die Aufsichtsperson zur Aufsichtsführung geeignet gewesen ist, wird sich der Träger die Frage gefallen lassen müssen, wie er sich vergewissert hat, daß die aufsichtsführende Person zur Aufsichtsführung geeignet war. Falls er im Streitfall das Gericht nicht überzeugen kann, muß er selbst für die Aufsichtspflichtverletzung einstehen, vorausgesetzt, daß die Aufsichtspflicht von seiner Bediensteten tatsächlich verletzt worden ist.

Da der Träger nicht von vornherein annehmen kann, daß eine Praktikantin oder eine soeben von der Schule kommende Kinderpflegerin mit einer Gruppe allein zurechtkommt, muß er sie von seiner Leiterin oder Gruppenleiterin in den ersten Wochen besonders anleiten und beobachten lassen. Hat sich die Leiterin oder Gruppenleiterin vergewissert, daß die Praktikantin oder die Kinderpflegerin ähnlich wie eine ausgebildete Erzieherin mit der Gruppe zurechtkommt, d.h. die Aufsichtspflicht erfüllen kann, darf sie genauso wie eine Erzieherin eingesetzt werden. Der oft gehörte Satz: „Praktikantinnen und Kinderpflegerinnen haben keine Aufsichtspflicht", ist also in dieser Verallgemeinerung falsch. Wahrscheinlich rührt der Irrtum daher, daß die meisten (Kindergarten)Gesetze für die Leitung einer Gruppe eine pädagogische Fachkraft vorschreiben, welche die Ausbildung zur Sozialpädagogin oder Erzieherin nachweisen kann. Damit haben die einzelnen Bundesländer (Landesgesetzgeber) aber keine Anforderungen an die Eignung zur Aufsichtsführung geregelt. Dazu wären sie auch gar nicht berechtigt, weil die Aufsichtspflicht und die Folgen der Aufsichtspflichtverletzung durch Bundesrecht (einheitlich für alle Länder) geregelt sind. Vielmehr soll mit diesen Ländervorschriften ein gehobener pädagogischer Standard erreicht bzw. gesichert werden. Bezüglich der Eignung der Bediensteten zur Aufsichtsführung ist damit nichts ausgesagt.

Zusammenfassende Antwort:

An Praktikantinnen, Kinderpflegerinnen und sonstige pädagogische Zweitkräfte kann die Aufsichtspflicht delegiert werden, wenn sie zur Aufsichtsführung geeignet und mit dieser nicht überfordert sind. An die Anleitung und Überwachung, vor allem von Praktikantinnen, werden dabei aber höhere Anforderungen zu stellen sein.

Delegation der Aufsichtspflicht

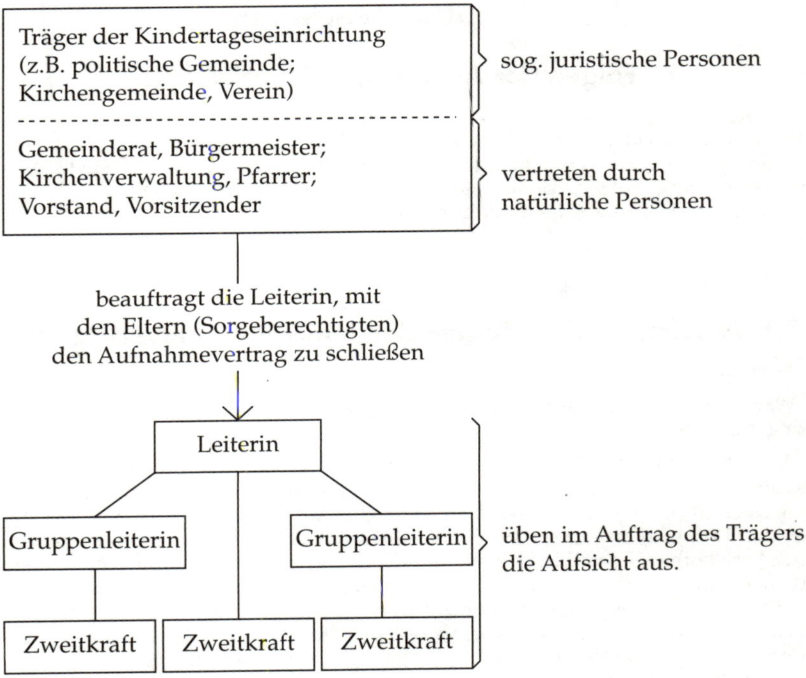

Teil: Aufsichtspflichtverletzung

7. Folgen der Aufsichtspflichtverletzung

Erfüllen Erzieherinnen ihre Aufsichtspflicht nicht oder nur unzureichend, so kann das verschiedene Rechtsfolgen haben. Möglich sind die Verpflichtung zum Schadensersatz (zivilrechtliche Folgen), Bestrafung (strafrechtliche Folgen) und arbeitsrechtliche Folgen. Zivil- und strafrechtliche Folgen werden auch unter dem Begriff „Haftungsfolgen" zusammengefaßt.

7.1 Arbeitsrechtliche Folgen der Aufsichtspflichtverletzung

Frage:

Wann und warum kann eine Aufsichtspflichtverletzung sogar zur Kündigung führen?

Angestellte Erzieherinnen sind verpflichtet, die ihnen anvertrauten Kinder zu beaufsichtigen. Die Aufsichtspflicht gehört stillschweigend (zur stillschweigenden Übernahme der Aufsichtspflicht siehe die Abschnitte Nr. 2 und Nr. 6) zur Art der Tätigkeit, zu der sie auf Grund ihres Arbeitsvertrages verpflichtet sind. Eine Verletzung dieser Pflicht kann je nach Schwere des Falles unterschiedliche arbeitsrechtliche Folgen haben. Diese sind gesetzlich nicht festgeschrieben. Sie reichen von der formlosen Belehrung oder Ermahnung bis zur fristgerechten (ordentlichen) und in besonders schwerwiegenden Fällen sogar fristlosen Kündigung des Arbeitsverhältnisses. In der Regel muß der Kündigung eine sogenannte „Abmahnung" des Arbeitgebers vorausgehen. Sie ist eine deutliche und ernstliche Mißbilligung des Verhaltens des Arbeitnehmers und die Aufforderung an ihn, das Fehlverhalten zu ändern, weil sonst das Arbeitsverhältnis gefährdet ist. Eine Abmahnung ist nicht erforderlich, wenn sie keinen Erfolg haben kann, z.B. wegen persönlicher oder fachlicher Ungeeignetheit, oder weil das Vertrauen zerstört ist.

Im Gegensatz zur straf- und zivilrechtlichen Haftung braucht einem anvertrauten Kind hier kein Schaden entstanden zu sein. Die Aufsichtspflichtverletzung ist auch so eine Dienstpflichtverletzung.

Zusammenfassende Antwort:

Auch dann, wenn dem anvertrauten Kind kein Schaden entstanden ist, kann der Arbeitgeber eine Aufsichtspflichtverletzung seiner angestellten Erzieherinnen arbeitsrechtlich ahnden, weil die Aufsichtspflichtverletzung an sich zugleich eine Dienstpflichtverletzung ist. Die Ahndungsmöglichkeiten reichen je nach Schwere des Falles von der Ermahnung bis zur fristlosen Kündigung. Allerdings rechtfertigt eine Aufsichtspflichtverletzung, bei der kein Schaden entstanden ist, im Regelfall eine Kündigung nur im Wiederholungsfalle.

7.2 Strafrechtliche Folgen der Aufsichtspflichtverletzung

Frage:

Wann ist die Aufsichtspflichtverletzung strafbar und warum wird sie selten bestraft?

Die Aufsichtspflichtverletzung als solche ist nicht strafbar. Sie ist im Strafgesetzbuch nicht als strafwürdiges Unrecht beschrieben. Bestraft können Erzieherinnen nur werden, falls Kinder, für die sie verantwortlich sind, auf Grund nicht hinreichend wahrgenommener Aufsicht verletzt oder gar getötet werden, oder falls Kinder Dritte (Außenstehende) verletzen oder töten. Die Delikte heißen „Fahrlässige Körperverletzung" (§ 230 StGB) und „Fahrlässige Tötung" (§ 222 StGB). Eine vorsätzliche Begehung dieser Straftaten kommt in Tageseinrichtungen für Kinder praktisch nicht vor, denn welche Erzieherin würde bewußt die gebotene Aufsicht nicht ausüben und dabei in Kauf nehmen, daß ein Kind sich verletzt oder zu Tode kommt oder andere verletzt.

Die genannten Delikte werden normalerweise durch ein aktives Tun begangen; durch ein Unterlassen nur, sofern die Verpflichtung besteht, den Schaden zu verhindern. Erzieherinnen sind auf Grund des Betreuungsvertrages zwischen den Eltern und der Einrichtung sowie ihres Arbeitsvertrages, die beide stillschweigend die Aufsichtspflicht miteinschließen, gehalten, Schaden von den Kindern abzuwenden und andere (Dritte) vor Schädigungen durch die Kinder zu bewahren. Sie haben – strafrechtlich gesprochen – eine Garantenpflicht gegenüber den Kindern und Dritten.

Auch die sogenannte Verkehrssicherungspflicht des Trägers, wonach dieser für die in seiner Einrichtung liegenden Gefahrenquellen verantwortlich ist, begründet eine Garantenpflicht (Näheres zur Verkehrssicherungspflicht s. Abschnitt Nr. 7.3). Wie diese Garantenpflicht zu erfüllen ist, damit strafrechtliche Folgen vermieden werden, wurde in den Abschnitten Nr. 4 und Nr. 5 ausgeführt.

Gegenüber Besuchskindern hat der Träger der Einrichtung lediglich die Verkehrssicherungspflicht. Falls sie verletzt ist, kann eine strafrechtliche Haftung des Trägers in Frage kommen – der Angestellten nur, wenn sie den ihnen vom Träger übertragenen, präzise gestellten Aufgaben nicht nachkommen.

Wegen unterlassener Hilfeleistung (§ 323c StGB) bei Unglücksfällen können die Verantwortlichen der Kindertageseinrichtungen wie jeder andere Mensch bestraft werden, wenn sie dem Verunglückten nicht die erforderliche und ihnen mögliche und zumutbare Hilfe angedeihen lassen.

Am Schluß der Ausführungen zu diesem Abschnitt soll noch die Frage beantwortet werden, warum Bestrafungen wegen Aufsichtspflichtverletzung selten sind. Der Hauptgrund ist, daß strafrechtliche Verurteilungen nur dann erfolgen können, wenn die schuldhafte Verletzung der Aufsichtspflicht bewiesen ist. Die Beweislast hat die Anklagebehörde, das ist die Staatsanwaltschaft. Unklarheiten führen nach dem Grundsatz „Im Zweifel für den Angeklagten" zum Freispruch. Ein zweiter Grund ist, daß die fahrlässige Körperverletzung ein Antragsdelikt ist (§ 232 Abs. 1 StGB). Sie wird strafrechtlich nur verfolgt, sofern die verletzte Person einen Strafantrag stellt. Bei Minderjährigen können der gesetzliche Vertreter und die Personensorgeberechtigten den Antrag stellen (§ 77 Abs. 3 Satz 1 StGB).

Meist aber haben diese kein Interesse an einer Strafverfolgung. Sie wollen in der Regel nur den Schaden ersetzt erhalten. Falls ein besonderes öffentliches Interesse an der Strafverfolgung gegeben ist, wird die Straftat auch ohne Antrag verfolgt. Dies ist z.B. dann der Fall, wenn der Erzieher einschlägig vorbestraft ist oder besonders leichtfertig gehandelt hat oder die Verletzung außerordentlich schwerwiegend ist.

Zusammenfassende Antwort:

Wenn ein Kind bzw. ein Dritter von einem Kind infolge unzureichender Aufsichtsführung durch Erzieher oder auf Grund einer Verkehrssicherungspflichtverletzung des Trägers verletzt oder getötet wird, können Erzieher und sonstige Verantwortliche des Trägers wegen fahrlässiger Körperverletzung oder fahrlässiger Tötung bestraft werden. Die schuldhafte Pflichtverletzung muß ihnen von der Staatsanwaltschaft nachgewiesen werden. Bei begründeten Zweifeln erfolgt Freispruch. Die fahrlässige Körperverletzung wird in der Regel nur auf Antrag des verletzten Dritten oder des gesetzlichen Vertreters oder des Personensorgeberechtigten des verletzten Kindes verfolgt.

7.3 Zivilrechtliche Haftung

Vorbemerkung: Die zivilrechtlichen Folgen der Aufsichtspflichtverletzung (Schadensersatz, Schmerzensgeld) werden hier nur überblicksmäßig abgehandelt. Sie treten zwar häufiger ein als strafrechtliche Folgen, haben aber dennoch für den Praktiker geringere Bedeutung, weil er sich gegen diese versichern kann (zur Betriebs- und Berufshaftpflichtversicherung siehe Abschnitt Nr. 8). Ein weiterer Grund ist, daß Kinder in Kindergärten gesetzlich unfallversichert sind (s. Abschnitt Nr. 9), Personenschäden deswegen von der Unfallversicherung ersetzt werden.

7.3.1 *Frage:*

Wer haftet, wenn ein Kind in der Tageseinrichtung oder bei einer Veranstaltung außer Haus geschädigt wird oder andere schädigt?

Aus der Fragestellung läßt sich entnehmen, daß es verschiedene Haftungsgründe gibt, je nachdem ob ein Kind selbst geschädigt wird, ein anderes Kind oder einen außenstehenden Dritten schädigt, und daß als Haftende mehrere Personen (Erzieher, Leiterinnen, Träger und eventuell Kinder selbst) in Frage kommen können.

Eines ist aber jeder Haftung gemeinsam: Es muß ein konkreter Schaden entstanden sein, und der Verletzte kann den Schaden nur einmal ersetzt verlangen. Wenn mehrere haften, wird demzufolge zu klären sein, wer letztlich den Schadenersatz zu leisten hat.

Die umfassende Eingangsfrage ist nur zu beantworten, wenn sie in mehrere Einzelfragen aufgegliedert wird:

7.3.2 *Frage:*

Wer haftet, falls ein Kind in einer Tageseinrichtung oder bei einer Veranstaltung außer Haus geschädigt wird?

Zunächst wird man hier an die Personen denken, die die unmittelbare Verantwortung für ein Kind haben. Das ist die Erzieherin oder eine andere Betreuerin, der das Kind anvertraut worden ist. Da in der Regel ein Betreuungsvertrag nur zwischen dem Träger und den Personenberechtigten besteht, kommt eine vertragliche Haftung der Erzieherin bzw. Betreuerin nicht in Frage. Sie können nur wegen unerlaubter Handlung (§ 823 BGB) zum Schadensersatz verpflichtet sein.

Voraussetzung der Haftung aus § 823 BGB ist, daß das Kind vorsätzlich oder fahrlässig geschädigt worden ist. Im vorangegangenen Abschnitt Nr. 7.2 haben wir erfahren, daß die strafbaren Handlungen „fahrlässige Körperverletzung" und „fahrlässige Tötung" durch ein aktives Tun bzw. durch ein Unterlassen begangen werden können, letzteres aber nur, wenn eine Verpflichtung besteht, den Schaden abzuwenden. Das gilt auch für die unerlaubte Handlung nach § 823 BGB. Wer also die Aufsichtspflicht (zu den Anforderungen der Aufsichtspflicht siehe Abschnitte Nr. 4 und Nr. 5) vorsätzlich – was in der Regel unwahrscheinlich ist – oder fahrlässig verletzt und dadurch ein Kind schädigt, muß Schadenersatz leisten. Fahrlässig handelt nach § 276 BGB, wer die im Verkehr erforderliche Sorgfalt außer acht läßt. Im Gegensatz zum subjektiven strafrechtlichen Fahrlässigkeitsbegriff (s. Abschnitt Nr. 7.2) gilt hier ein objektiver, abstrakter Sorgfältigkeitsmaßstab. Gefordert ist keine überspannte Sorgfältigkeit. Andererseits kann aber auch die in einer Einrichtung etwa übliche Nachläßigkeit nicht entschuldigen. Was unter der geforderten Sorgfalt zu verstehen ist, läßt sich kurz so ausdrücken: Fahrlässig handelt eine Erzieherin oder Betreuerin dann, falls eine andere in die gleiche Arbeit eingewiesene und erfahrene Mitarbeiterin, bei Anspannung der gebotenen und ihr in der jeweiligen Situation auch möglichen Aufmerksamkeit, anders gehandelt hätte.

Neben der Erzieherin oder Betreuerin kann auch die Leiterin der Einrichtung wegen Aufsichtspflichtverletzung nach § 823 BGB haften, wenn sie ihre Mitarbeiterinnen nicht informiert, angewiesen und angeleitet hat oder wenn sie offensichtliche „Schlampereien" geduldet hat, und die Schädigung des Kindes ursächlich darauf zurückzuführen ist.

Aus den gleichen Gründen und unter den gleichen Voraussetzungen kann auch der Träger der Einrichtung nach § 823 BGB haften, wenn er nicht oder noch nicht qualifiziertes Personal mit der Aufsichtsführung betraut, das Personal ungenügend informiert und überwacht, zu wenig Personal für die Gruppenbetreuung anstellt, die Gruppen zu groß sind, oder seine Bediensteten aus anderen Gründen überfordert sind (Haftung aus Organisationsverschulden).

Der Träger haftet nach § 823 BGB ferner, wenn er die Verkehrssicherungspflicht verletzt. Sie besagt, daß derjenige, der eine mögliche Gefahrenquelle schafft und unterhält, alle zumutbaren Vorkehrungen treffen muß, daß niemand daraus einen Schaden nimmt, der bei einer bestimmungsgemäßen oder nicht ganz fernliegenden bestimmungswidrigen Benutzung droht. Bei Kindertageseinrichtungen hat der Träger vor allem darauf zu achten, daß den Kindern von der baulichen Gestaltung her, auf den Spielplätzen und durch Spielgeräte keine Gefahren drohen, welche durch zumutbare planerische oder andere Vorkehrungen vermeidbar wären. Vor allem wird vom Träger erwartet, daß er die einschlägigen Unfallverhütungsvorschriften und DIN-Normen beachtet.

Die Verkehrssicherungspflicht besteht auch gegenüber Besuchskindern und anderen Personen, welche die Tageseinrichtung betreten; nicht jedoch gegenüber fremden Kindern, die z.B. über den Zaun klettern und sich dabei oder auf dem Gelände verletzen.

Die Bediensteten des Trägers haften für eine Verkehrssicherungspflichtverletzung nur, insofern sie den ihnen vom Träger übertragenen, präzise gestellten Aufgaben (z.B. Kontrolle der Spielgeräte) nicht nachkommen.

Die Leiterin haftet wegen Verletzung der Verkehrssicherungspflicht nicht, wenn sie den Träger auf bauliche Mängel aufmerksam macht, ihm Schäden an Spielgeräten mitteilt und ihn um Abhilfe bittet. Die schriftliche Form ist hier, auch zur eigenen Absicherung, empfehlenswert. Wegen eigener Aufsichtspflichtverletzung bleibt sie natürlich haftbar.

Da zwischen den Personensorgeberechtigten und dem Träger ein Betreuungsvertrag besteht, der die Aufsichtspflicht stillschweigend einschließt, haftet der Träger auch für Vertragsverletzungen seiner Angestellten und sonstigen Personen (z.B. auch der Mütter), die er zur Vertragserfüllung einsetzt (§ 278 BGB).

Eine solche Haftung für Angestellte und andere „Verrichtungsgehilfen" ist auch im § 831 BGB geregelt, ohne daß ein Vertrag Voraussetzung wäre. Bei § 831 BGB kann sich aber im Gegensatz zu § 278 BGB der Träger entlasten, falls er nachweist, daß er seine Bediensteten ordnungsgemäß ausgewählt und angeleitet hat.

Die Träger haften ebenso gemäß §§ 31 und 89 Abs. 1 BGB für Schadenshandlungen, vor allem für Organisationsfehler ihrer Vorstände (bei eingetragenen Vereinen) oder Oberbürgermeister bzw. Bürgermeister gemeindlicher Tageseinrichtungen.

Zusammenfassende Antwort:

Wenn ein Kind geschädigt wird, während die Tageseinrichtung die Aufsichtspflicht für das Kind gehabt hat, haften die unmittelbar verantwortlichen Erzieher, wenn sie die Aufsichtspflicht schuldhaft verletzt haben und die Schädigung eine Folge der Aufsichtspflichtverletzung ist. Die gleiche Haftung trifft Leiterinnen und Träger, wenn sie ihre Auswahl-, Informations-, Anleitungs- und Überwachungspflichten verletzen und in Folge dieser Pflichtverletzungen Kinder geschädigt werden.

Der Träger haftet zudem für die Verletzung der Verkehrssicherungspflicht. Für die unzulängliche Erfüllung des Betreuungsvertrages seines Personals haftet er ebenfalls.

7.3.3 *Frage:*

Wer haftet, wenn ein Kind ein anderes Kind der Gruppe oder einen Dritten (Außenstehenden) schädigt?

Falls ein Kind in einer Tageseinrichtung, bei einer Veranstaltung oder einem Ausflug ein anderes Kind oder einen (Außenstehenden) schädigt, haften nach § 832 BGB die unmittelbar aufsichtspflichtige Erzieherin oder Betreuerin. Allerdings nur, sofern sie nicht beweisen können, daß sie ihrer Aufsichtspflicht, die sie stillschweigend mit ihrem Arbeitsvertrag übernommen haben, nachgekommen sind oder der Schaden auch bei gehöriger Aufsichtsführung entstanden wäre. Im Gegensatz zur strafrechtlichen Regelung und der sonstigen Haftung, muß hier die Aufsichtspflichtige beweisen, daß sie ihrer Aufsichtspflicht genügt hat. Unklarheiten gehen zu ihren Lasten.

Daneben können nach § 823 BGB auch die Leiterin und der Träger der Einrichtung haftbar sein, insofern sie eine ungeeignete Person mit der Aufsichtsführung betrauen oder diese nicht genügend überwachen; der Träger zudem wegen Verkehrssicherungspflichtverletzung (vgl. Antwort zur vorhergehenden Frage Nr. 7.3.1), wenn von seiner Einrichtung Gefahren gegenüber Dritten ausgehen (Beispiel: durch gefährliches Treiben von Besuchskindern werden Dritte verletzt).

Schließlich haften Kinder (z.B. Hortkinder), die das 7., aber noch nicht das 18. Lebensjahr vollendet haben auch selbst für den von ihnen angerichteten Schaden. Nach § 828 Abs. 2 BGB ist ihre Haftung nur dann ausgeschlossen, wenn sie nicht die geistige Entwicklung besitzen, die sie in den Stand setzt, das Unrecht ihrer Handlung gegenüber den Mitmenschen und zugleich die Verpflichtung zu erkennen, in irgendeiner Weise für die Folgen ihrer Handlung einstehen zu müssen. Kinder unter 7 Jahren haften nicht (§ 828 Abs. 1 BGB). Sie und verschuldensunfähige Kinder über 7 Jahren können nach § 829 BGB nur ausnahmsweise aus Billigkeitsgründen zum Schadenersatz verpflichtet sein.

Tabelle 1

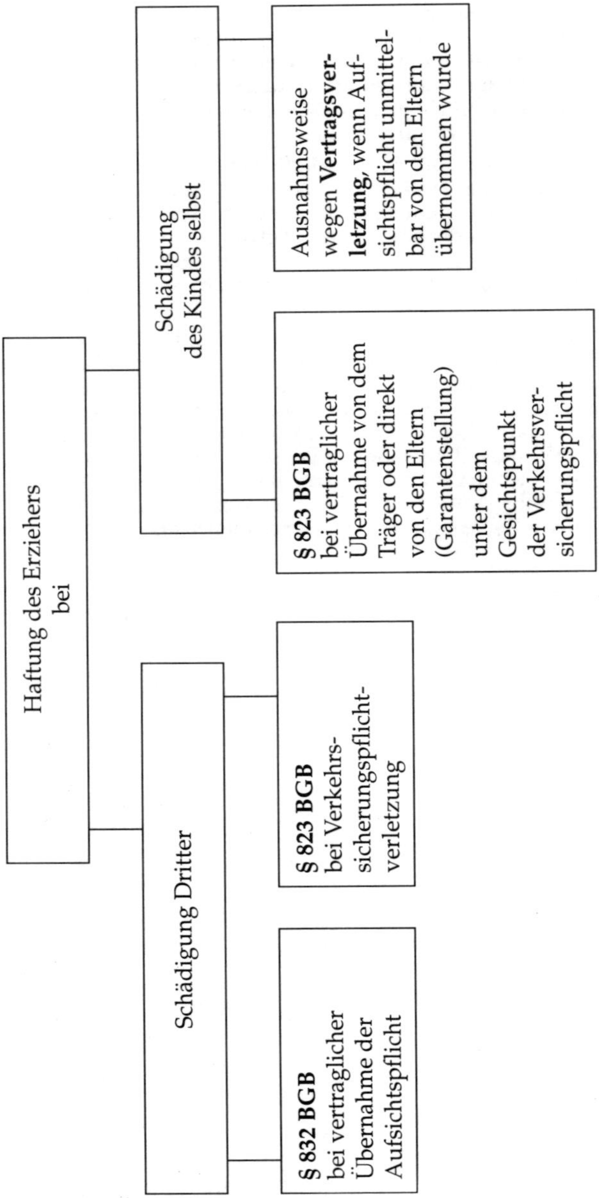
Haftung des Erziehers
bei
Schädigung Dritter
Schädigung
des Kindes selbst
§ 832 BGB
bei vertraglicher
Übernahme der
Aufsichtspflicht
§ 823 BGB
bei Verkehrs-
sicherungspflicht-
verletzung
§ 823 BGB
bei vertraglicher
Übernahme von dem
Träger oder direkt
von den Eltern
(Garantenstellung)
unter dem
Gesichtspunkt
der Verkehrsver-
sicherungspflicht
Ausnahmsweise
wegen Vertragsver-
letzung, wenn Auf-
sichtspflicht unmittel-
bar von den Eltern
übernommen wurde

Tabelle 2

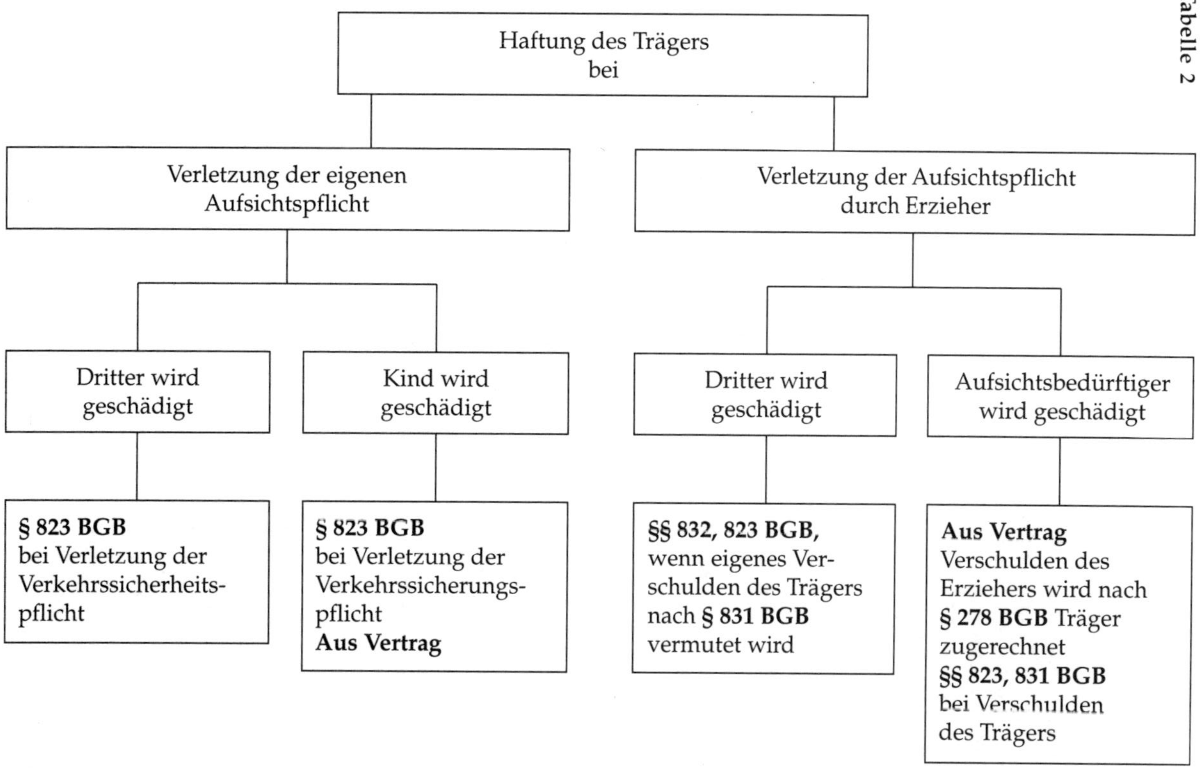
Haftung des Trägers bei
Verletzung der eigenen Aufsichtspflicht
Verletzung der Aufsichtspflicht durch Erzieher
Dritter wird geschädigt
Kind wird geschädigt
Dritter wird geschädigt
Aufsichtsbedürftiger wird geschädigt
§ 823 BGB bei Verletzung der Verkehrssicherheitspflicht
§ 823 BGB bei Verletzung der Verkehrssicherungspflicht Aus Vertrag
§§ 832, 823 BGB, wenn eigenes Verschulden des Trägers nach § 831 BGB vermutet wird
Aus Vertrag Verschulden des Erziehers wird nach § 278 BGB Träger zugerechnet
§§ 823, 831 BGB bei Verschulden des Trägers

Zusammenfassende Antwort:

Wenn ein Kind ein anderes Kind aus der Gruppe oder einen (außenstehenden) Dritten schädigt, haften die unmittelbar verantwortliche Erzieherin oder Betreuerin, sofern diese nicht nachweisen können, daß sie ihrer Aufsichtspflicht nachgekommen sind oder der Schaden auch bei gehöriger Aufsichtsführung entstanden wäre.

Die Leiterin und der Träger haften nur, soweit sie ein Organisationsverschulden trifft; der Träger außerdem, wenn der Schaden auf eine Verkehrssicherungspflichtverletzung zurückzuführen ist.

Ein Kind über 7 Jahren kann für einen von ihm angerichteten Schaden nicht haftbar gemacht werden, falls es verschuldensunfähig ist. Kinder unter 7 Jahren sind – vom Fall der Billigkeitshaftung (§ 829 BGB) abgesehen – nicht schadensersatzpflichtig.

7.3.4 *Frage:*

Wen kann der Geschädigte in Anspruch nehmen, wenn mehrere Personen haften?

Wir haben soeben festgestellt, daß mehrere Personen haften können, wenn jemand geschädigt wird. Laut § 840 Abs. 1 BGB haften diese mehreren Verantwortlichen als Gesamtschuldner. Das bedeutet nach § 421 BGB, daß der Geschädigte nach seinem Belieben alle Verantwortlichen zu gleichen oder zu unterschiedlichen Teilen oder auch nur einen der Verantwortlichen auf Schadensersatz in Anspruch nehmen kann. Insgesamt kann er natürlich nicht mehr als seinen Schaden ersetzt verlangen. Meist wird er den Zahlungskräftigsten greifen. Wie die Schädiger unter sich zum Ausgleich kommen, ist ihnen im Rahmen der Regelung der §§ 426 Abs. 2 und 840 Abs. 2 BGB überlassen.

Zusammenfassende Antwort:

Der Geschädigte kann grundsätzlich jeden der Schädiger nach seiner Wahl auf Schadensersatz in Anspruch nehmen. Den Schädigern ist es dann überlassen, wie sie intern zu einem Ausgleich kommen.

7.3.5 *Frage:*

Wie ist der interne Ausgleich zwischen dem Träger und seinen schadensersatzpflichtigen Bediensteten oder ehrenamtlich Tätigen geregelt?

Falls der Träger vom geschädigten Kind oder von einem Dritten für einen Schaden in Anspruch genommen wird, den die Erzieherin, Betreuerin oder Leiterin verursacht und verschuldet haben, kann er unter Umständen auf diese zurückgreifen, sie in Regreß nehmen, wie man auch sagt. Das Rückgriffsrecht des Trägers wird mit dem Arbeitsvertrag zwischen dem Träger und seinem Personal begründet, der die Bediensteten zur ordentlichen Aufsichtsführung über die ihnen anvertrauten Kinder verpflichtet.

Das Bundesarbeitsgericht hat das Rückgriffsrecht eingeschränkt, wenn die Pflichtverletzung im Rahmen einer sogenannten schadens- oder gefahrgeneigten Tätigkeit geschieht. Unter gefahrgeneigter Arbeit wird eine Tätigkeit verstanden, bei der es wahrscheinlich ist, daß auch dem sorgfältigen Arbeitnehmer gelegentlich Fehler unterlaufen können. Nach dieser Rechtsprechung muß der Arbeitnehmer den Schaden nur dann voll ersetzen, wenn er den Fehler vorsätzlich oder grob fahrlässig begangen hat Grob fahrlässig handelt der Arbeitnehmer, der die gebotene Sorgfalt in besonders schwerem Maße verletzt, d.h. ganz naheliegende und selbstverständliche Sorgfaltspflichten nicht beachtet. Bei leichter Fahrlässigkeit muß der Arbeitnehmer nicht bezahlen. Von leichter Fahrlässigkeit kann man sprechen, wenn der Arbeitnehmer im wesentlichen sorgfältig handelt, aber nicht sorgfältig genug, so daß ein Restvorwurf bleibt. Bei mittlerer Fahrlässigkeit ist der Schaden nach Zumutbarkeit zu verteilen. Aufsichtsführung in Tageseinrichtungen ist eine gefahrgeneigte Tätigkeit. Bei den Einkommensverhältnissen von Erzieherinnen dürfte deshalb ein auch nur teilweiser Rückgriff nicht in Frage kommen.

Die Grundsätze der gefahrgeneigten Arbeit werden darüber hinaus vom Bundesgerichtshof auch auf Ehrenamtliche und auf Honorarkräfte angewandt; das bedeutet, diese haften gleichfalls nur bei grober Fahrlässigkeit und Vorsatz.

Außerdem begrenzen der Bundesangestelltentarifvertrag (BAT) und die Arbeitsvertragsrichtlinien (AVR) der Wohlfahrtsverbände den Rückgriff ebenfalls auf Vorsatz und grobe Fahrlässigkeit. Wenn der Geschädigte die Angestellten, Praktikanten oder sonstigen Betreuer in Anspruch nimmt, können diese aus den gleichen Gründen, weswegen der Regreß eingegrenzt ist, vom Träger verlangen, daß er sie von der Haftung freistellt.

Zusammenfassende Antwort:

Der Träger kann für den Schaden, den er dem Geschädigten ersetzt hat, seine Bediensteten oder ehrenamtlich Tätigen nur dann in Regreß nehmen, sofern diese grob pflichtwidrig den Schaden verursacht haben. Werden diese selbst vom Geschädigten in Anspruch genommen, können sie vom Träger unter den gleichen Voraussetzungen verlangen, daß er sie von der Haftung freistellt.

Teil: Versicherungsschutz

8. Gesetzliche Unfallversicherung

Frage:

Wann und für welche Schäden tritt die gesetzliche Unfallversicherung ein?

Gesetzlich unfallversichert sind nach § 539 Abs. 1 Nr. 14 a RVO nur die Kindergartenkinder, nicht aber Besuchs- oder Gastkinder, auch nicht Krippen- und Hortkinder, weil sie nicht zum Zwecke der vorschulischen Erziehung in den Kindergarten kommen. „Schnupperkinder" das sind Kinder, die bereits zum Kindergartenbesuch angemeldet sind und zur Vorbereitung darauf schon einmal „die Luft des Kindergartens" schnuppern sollen, sie sind bereits unfallversichert.

Der Unfallversicherungsschutz erfaßt nach §§ 548 Abs. 1, 550 Abs. 1 RVO alle Unfälle, die während des Besuchs oder im Zusammenhang mit Veranstaltungen des Kindergartens (auf Spaziergängen, Ausflügen, bei Kindergartenfesten) passieren. Auch der Hin- und Rückweg ist eingeschlossen, gleich auf welche Weise er zurückgelegt wird, ob zu Fuß, mit einem Kraftfahrzeug oder mit öffentlichen Verkehrsmitteln. Dabei muß es sich um die übliche Wegstrecke handeln, nicht unbedingt um die kürzeste Verbindung zwischen Wohnung und Kindergarten, wenn die kürzere ungünstiger ist. Kein Versicherungsschutz besteht während der Unterbrechung des Weges (z.B. während des Einkaufs) oder bei Umwegen, die aus privaten Gründen gemacht werden, es sei denn, sie wären ganz unerheblich.

Die Unfallversicherung ersetzt nur den Personenschaden. Sie gewährt Heilbehandlung und bei Dauerschäden Verletztenrente, aber kein Schmerzensgeld (§ 547 RVO); Sachschäden (z.B. Reparaturkosten) werden von der Unfallversicherung auch nicht getragen.

Bezüglich des Personenschadens sind der Träger, die Leiterin, die Erzieherinnen und sonstigen Betreuer von der Haftung freigestellt (§§ 636, 637 RVO). Der Verletzte hat nur einen Anspruch gegen den zuständigen Träger der Unfallversicherung.

Die Unfallversicherung darf nur im Fall des Vorsatzes oder der groben Fahrlässigkeit auf den Schädiger zurückgreifen (§ 640 Abs. 1 RVO).

Zusammenfassende Antwort:

Kinder im Kindergarten sind während des Besuchs des Kindergartens, bei Veranstaltungen des Kindergartens sowie auf dem Weg dorthin oder auf dem Heimweg gesetzlich unfallversichert. Die Unfallversicherung ersetzt den Personenschaden, zahlt aber kein Schmerzensgeld. Der Schädiger ist insoweit von der Haftung freigestellt. Die Unfallversicherung darf nur bei Vorsatz oder grober Fahrlässigkeit auf den Schädiger zurückgreifen.

9. Haftpflichtversicherung

Frage: X

Wie können sich der Träger einer Tageseinrichtung für Kinder und die aufsichtspflichtigen Erzieher gegen die (zivilrechtliche) Haftung schützen?

Das zivilrechtliche Haftungsrisiko läßt sich weitgehend durch eine Haftpflichtversicherung ausschließen (§§ 149 ff. VVG). Die Versicherung trägt die Schäden, die infolge einer leicht-, mittel- oder grob fahrlässigen Aufsichtspflichtverletzung entstehen. Lediglich bei vorsätzlicher Aufsichtspflichtverletzung – sie kommt praktisch kaum vor – braucht die Versicherung nicht einzutreten (§ 152 VVG).

Die Haftpflichtversicherung gibt es als Betriebshaftpflichtversicherung und als Berufshaftpflichtversicherung (Diensthaftpflichtversicherung).

Jeder Träger einer Kindertageseinrichtung sollte im eigenen Interesse und wegen seiner Fürsorgepflicht gegenüber den Mitarbeitern eine Betriebshaftpflichtversicherung haben. Denn die Versicherung schützt sowohl den Träger und seine gesetzlichen Vertreter als auch seine haupt- und nebenberuflichen sowie die ehrenamtlichen Mitarbeiter vor Schadenersatzansprüchen. Ansprüche des Trägers wegen Schäden, die die Mitarbeiter dem Träger zufügen (z.B. am Inventar) sind von der Haftpflichtversicherung nicht gedeckt. Die Mitarbeiter haften dem Träger nach dem BAT und den AVR der Wohlfahrtsverbände aber nur für Vorsatz und grobe Fahrlässigkeit.

Beim Abschluß der Versicherung sollte darauf geachtet werden, daß die Haftung bei grober Fahrlässigkeit nicht ausgeschlossen ist; des weiteren, daß die Versicherung für die den Besuchern abhanden gekommenen Sachen aufkommt. Zivildienstleistende und ehrenamtliche Helfer sollten ausdrücklich in die Versicherung miteinbezogen sein. Auch Schäden, die Mitarbeiter einander zufügen, sollten mitversichert sein.

Die katholischen Diözesen und die evangelischen Landeskirchen sowie einzelne Trägerverbände haben für ihre Kindertageseinrichtungen sogenannte Sammelhaftpflichtversicherungen abgeschlossen, meist auch Unfallversicherungen, in welche diejenigen Kinder einbezogen sind, die nicht gesetzlich unfallversichert sind (vor allem Krippen- und Hortkinder).

Besteht für eine Einrichtung keine Betriebshaftpflichtversicherung oder Sammelhaftpflichtversicherung oder sind erhebliche Risiken ausgeschlossen, sollte der Mitarbeiter eine sogenannte Berufshaftpflichtversicherung (das ist auch der Oberbegriff für Dienst- und Amtshaftpflichtversicherungen) abschließen, denn die private Haftpflichtversicherung tritt nicht für Schäden ein, die in Ausübung des Berufes entstehen. Gewerkschaften und Berufsverbände bieten günstige Gruppenverträge an. Manchmal ist die Berufshaftpflichtversicherung bereits mit der Zugehörigkeit in einer Gewerkschaft oder einem Berufsverband verbunden und schließt die private Haftpflicht mit ein. Hin und wieder übernehmen Anstellungsträger auch die Kosten für die Berufshaftpflichtversicherung, wenn sie keine Betriebshaftpflichtversicherung haben.

Die Haftpflichtversicherung trägt auch die gerichtlichen und außergerichtlichen Kosten für einen eventuellen Rechtsstreit (Gerichts- und Anwaltskosten, Kosten für Gutachten); ebenso die Kosten der Verteidigung in einem Strafverfahren (§ 151 Abs. 1 VVG). Sie tritt aber nur ein, wenn der Versicherte haftet. Geht der Schaden nicht auf seine Pflichtverletzung zurück, zahlt auch die Versicherung nicht. Nur die Unfallversicherung bezahlt für Körper- und Gesundheitsschäden (Personenschäden) auch ohne Verschulden der Aufsichtspflichtigen.

Weil die zivilrechtliche Haftung unterschiedlich abgesichert werden kann, ist jedem Mitarbeiter einer Tageseinrichtung zu empfehlen, sich bei seinem Träger zu erkundigen, ob dieser eine Betriebshaftpflichtversicherung hat oder einer Sammelhaftpflichtversicherung angeschlossen ist, die alle Risiken im Zusammenhang mit seiner Berufsausübung abdeckt. Sollte das nicht der Fall sein, braucht er eine Berufshaftpflichtversicherung, damit er nicht Gefahr läuft, zeitlebens zu haften oder sein pädagogisches Tun zu sehr nach dem Haftungsrisiko auszurichten.

Tabelle 3

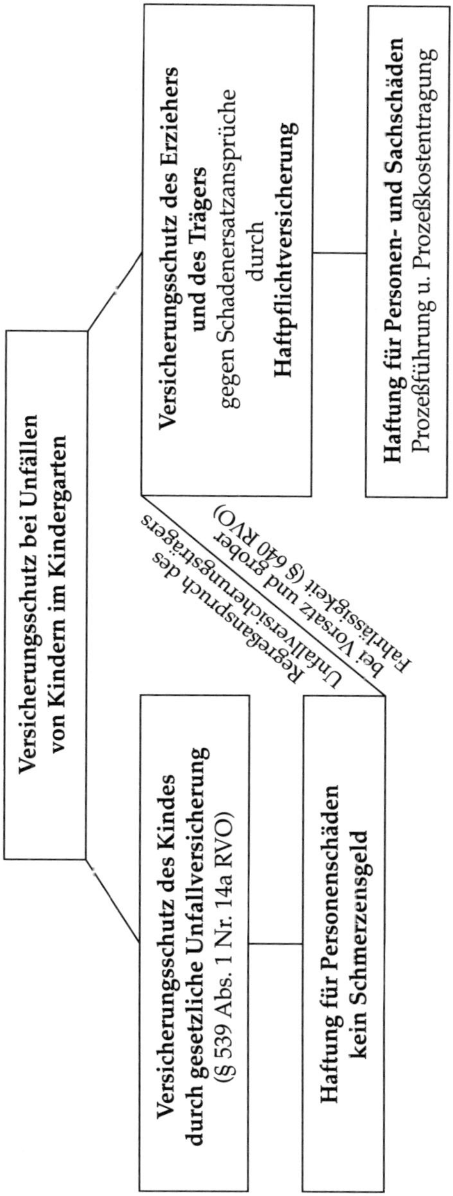
Versicherungsschutz bei Unfällen
von Kindern im Kindergarten
Versicherungsschutz des Kindes
durch gesetzliche Unfallversicherung
(§ 539 Abs. 1 Nr. 14a RVO)
Haftung für Personenschäden
kein Schmerzensgeld
Versicherungsschutz des Erziehers
und des Trägers
gegen Schadenersatzansprüche
durch
Haftpflichtversicherung
Haftung für Personen- und Sachschäden
Prozeßführung u. Prozeßkostentragung
Regreßanspruch des
Unfallversicherungsträgers
bei Vorsatz und grober
Fahrlässigkeit (§ 640 RVO)

Versicherungsschutz

Zusammenfassende Antwort:

Träger und Mitarbeiter von Kindertageseinrichtungen können ihrem Haftungsrisiko durch eine Betriebshaftpflichtversicherung begegnen, die alle möglichen Schäden trägt, welche im Zusammenhang mit der Führung der Einrichtung oder der pädagogischen Arbeit Kindern oder Außenstehenden schuldhaft zugefügt werden. Falls ein Träger keine Betriebshaftpflichtversicherung hat und die Einrichtung auch keiner Sammelhaftpflichtversicherung angeschlossen ist, ist den Mitarbeitern eine Berufshaftpflichtversicherung zu empfehlen. Nur so können sie ihr Haftungsrisiko ausschließen und Spielraum für ihr pädagogisches Handeln gewinnen.

Anhang: einschlägige Gesetze (Auszüge)

1. Bürgerliches Gesetzbuch (BGB)

– Auszug –

§ 2 Eintritt der Volljährigkeit

Die Volljährigkeit tritt mit der Vollendung des achtzehnten Lebensjahres ein.

§ 26 Vorstand; Vertretungsmacht

(1) [1]Der Verein muß einen Vorstand haben. [2]Der Vorstand kann aus mehreren Personen bestehen.

(2) [1]Der Vorstand vertritt den Verein gerichtlich und außergerichtlich; er hat die Stellung eines gesetzlichen Vertreters. [2]Der Umfang seiner Vertretungsmacht kann durch die Satzung mit Wirkung gegen Dritte beschränkt werden.

§ 30 Besondere Vertreter

[1]Durch die Satzung kann bestimmt werden, daß neben dem Vorstande für gewisse Geschäfte besondere Vertreter zu bestellen sind. [2]Die Vertretungsmacht eines solchen Vertreters erstreckt sich im Zweifel auf alle Rechtsgeschäfte, die der ihm zugewiesene Geschäftskreis gewöhnlich mit sich bringt.

§ 31 Haftung des Vereins für Organe

Der Verein ist für den Schaden verantwortlich, den der Vorstand, ein Mitglied des Vorstandes oder ein anderer verfassungsmäßig berufener Vertreter durch eine in Ausführung der ihm zustehenden Verrichtungen begangene, zum Schadensersatze verpflichtende Handlung einem Dritten zufügt.

§ 89 Haftung für Organe

(1) Die Vorschrift des § 31 findet auf den Fiskus sowie auf die Körperschaften, Stiftungen und Anstalten des öffentlichen Rechtes entsprechende Anwendung.

(2) ...

§ 107 Einwilligung des gesetzlichen Vertreters

Der Minderjährige bedarf zu einer Willenserklärung, durch die er nicht lediglich einen rechtlichen Vorteil erlangt, der Einwilligung seines gesetzlichen Vertreters.

§ 276 Haftung für eigenes Verschulden

(1) [1]Der Schuldner hat, sofern nicht ein anderes bestimmt ist, Vorsatz und Fahrlässigkeit zu vertreten. [2]Fahrlässig handelt, wer die im Verkehr erforderliche Sorgfalt außer acht läßt. [3]Die Vorschriften der §§ 827, 828 finden Anwendung.

(2) Die Haftung wegen Vorsatzes kann dem Schuldner nicht im voraus erlassen werden.

§ 278 Verschulden des Erfüllungsgehilfen

[1]Der Schuldner hat ein Verschulden seines gesetzlichen Vertreters und der Personen, deren er sich zur Erfüllung seiner Verbindlichkeit bedient, in gleichem Umfange zu vertreten wie eigenes Verschulden. [2]Die Vorschrift des § 276 Abs. 2 findet keine Anwendung.

§ 421 Gesamtschuldner

[1]Schulden mehrere eine Leistung in der Weise, daß jeder die ganze Leistung zu bewirken verpflichtet, der Gläubiger aber die Leistung nur einmal zu fordern berechtigt ist (Gesamtschuldner), so kann der Gläubiger die Leistung nach seinem Belieben von jedem der Schuldner ganz oder zu einem Teile fordern. [2]Bis zur Bewirkung der ganzen Leistung bleiben sämtliche Schulder verpflichtet.

§ 426 Ausgleichungspflicht der Gesamtschuldner

(1) [1]Die Gesamtschuldner sind im Verhältnis zueinander zu gleichen Anteilen verpflichtet, soweit nicht ein anderes bestimmt ist. [2]Kann von einem Gesamtschuldner der auf ihn entfallende Beitrag nicht erlangt werden, so ist der Ausfall von den übrigen zur Ausgleichung verpflichteten Schuldnern zu tragen.

(2) [1]Soweit ein Gesamtschuldner den Gläubiger befriedigt und von den übrigen Schuldnern Ausgleichung verlangen kann, geht die Forderung des Gläubigers gegen die übrigen Schuldner auf ihn über. [2]Der Übergang kann nicht zum Nachteile des Gläubigers geltend gemacht werden.

§ 823 Schadensersatzpflicht

(1) Wer vorsätzlich oder fahrlässig das Leben, den Körper, die Gesundheit, die Freiheit, das Eigentum oder ein sonstiges Recht eines anderen widerrechtlich verletzt, ist dem anderen zum Ersatze des daraus entstehenden Schadens verpflichtet.

(2) [1]Die gleiche Verpflichtung trifft denjenigen, welcher gegen ein den Schutz eines anderen bezweckendes Gesetz verstößt. [2]Ist nach dem Inhalt des Gesetzes ein Verstoß gegen dieses auch ohne Verschulden möglich, so tritt die Ersatzpflicht nur im Falle des Verschuldens ein.

§ 828 Minderjährige; Taubstumme

(1) Wer nicht das siebente Lebensjahr vollendet hat, ist für einen Schaden, den er einem anderen zufügt, nicht verantwortlich.

(2) [1]Wer das siebente, aber nicht das achtzehnte Lebensjahr vollendet hat, ist für einen Schaden, den er einem anderen zufügt, nicht verantwortlich, wenn er bei der Begehung der schädigenden Handlung nicht die zur Erkenntnis der Verantwortlichkeit erforderliche Einsicht hat. [2]Das gleiche gilt von einem Taubstummen.

§ 829 Ersatzpflicht aus Billigkeitsgründen

Wer in einem der in den §§ 823 bis 826 bezeichneten Fälle für eine von ihm verursachten Schaden auf Grund der §§ 827, 828 nicht verantwortlich ist, hat gleichwohl, sofern der Ersatz des Schadens nicht von einem aufsichtspflichtigen Dritten erlangt werden kann, den Schaden insoweit zu ersetzen, als die Billigkeit nach den Umständen, insbesondere nach den Verhältnissen der Beteiligten, eine Schadloshaltung erfordert und ihm nicht die Mittel entzogen werden, deren er zum angemessenen Unterhalte sowie zur Erfüllung seiner gesetzlichen Unterhaltspflichten bedarf.

§ 831 Haftung für den Verrichtungsgehilfen

(1) [1]Wer einen anderen zu einer Verrichtung bestellt, ist zum Ersatze des Schadens verpflichtet, den der andere in Ausführung der Verrichtung einem Dritten widerrechtlich zufügt. [2]Die Ersatzpflicht tritt nicht ein, wenn der Geschäftsherr bei der Auswahl der bestellten Person und, sofern er Vorrichtungen oder Gerätschaften zu beschaffen oder die Ausführung der Verrichtung zu leiten hat, bei der Beschaffung oder der Leitung die im Verkehr erforderliche Sorgfalt beobachtet oder wenn der Schaden auch bei Anwendung dieser Sorgfalt entstanden sein würde.

(2) Die gleiche Verantwortlichkeit trifft denjenigen, welcher für den Geschäftsherrn die Besorgung eines der im Absatz 1 Satz 2 bezeichneten Geschäfte durch Vertrag übernimmt.

§ 840 Haftung mehrerer

(1) Sind für den aus einer unerlaubten Handlung entstehenden Schaden mehrere nebeneinander verantwortlich, so haften sie als Gesamtschuldner.

(2) Ist neben demjenigen, welcher nach den §§ 831, 832 zum Ersatze des von einem anderen verursachten Schadens verpflichtet ist, auch der andere für den Schaden verantwortlich, so ist in ihrem Verhältnisse zueinander der andere allein, im Falle des § 829 der Aufsichtspflichtige allein verpflichtet.

(3) Ist neben demjenigen, welcher nach den §§ 833 bis 838 zum Ersatze des Schadens verpflichtet ist, ein Dritter für den Schaden verantwortlich, so ist in ihrem Verhältnisse zueinander der Dritte allein verpflichtet.

§ 1626 Elterliche Sorge; Berücksichtigung der wachsenden Selbständigkeit des Kindes

(1) [1]Der Vater und die Mutter haben das Recht und die Pflicht, für das minderjährige Kind zu sorgen (elterliche Sorge). [2]Die elterliche Sorge umfaßt die Sorge für die Person des Kindes (Personensorge) und das Vermögen des Kindes (Vermögenssorge).

(2) [1]Bei der Pflege und Erziehung berücksichtigen die Eltern die wachsende Fähigkeit und das wachsende Bedürfnis des Kindes zu selbständigem verantwortungsbewußtem Handeln. [2]Sie besprechen mit dem Kind, soweit es nach dessen Entwicklungsstand angezeigt ist, Fragen der elterlichen Sorge und streben Einvernehmen an.

§ 1627 Ausübung der elterlichen Sorge

[1]Die Eltern haben die elterliche Sorge in eigener Verantwortung und in gegenseitigem Einvernehmen zum Wohle des Kindes auszuüben. [2]Bei Meinungsverschiedenheiten müssen sie versuchen, sich zu einigen.

§ 1629 Vertretung des Kindes

(1) [1]Die elterliche Sorge umfaßt die Vertretung des Kindes. [2]Die Eltern vertreten das Kind gemeinschaftlich; ist eine Willenserklärung gegenüber dem Kind abzugeben, so genügt die Abgabe gegenüber einem Elternteil. [3]Ein Elternteil vertritt das Kind allein, soweit er die elterliche Sorge allein ausübt. ...

(2) ...

(3) ...

§ 1631 Inhalt des Personensorgerechts

(1) Die Personensorge umfaßt insbesondere das Recht und die Pflicht, das Kind zu pflegen, zu erziehen, zu beaufsichtigen und seinen Aufenthalt zu bestimmen.

(2) Entwürdigende Erziehungsmaßnahmen sind unzulässig.

(3) ...

§ 1632 Anspruch auf Herausgabe des Kindes; Bestimmung des Umgangs

(1) Die Personensorge umfaßt das Recht, die Herausgabe des Kindes von jedem zu verlangen, der es den Eltern oder einem Elternteil widerrechtlich vorenthält.

(2) Die Personensorge umfaßt ferner das Recht, den Umgang des Kindes auch mit Wirkung für und gegen Dritte zu bestimmen.

(3) Über Streitigkeiten, die eine Angelegenheit nach Absatz 1 oder 2 betreffen, entscheidet das Vormundschaftsgericht auf Antrag eines Elternteils; verlangt ein Elternteil die Herausgabe des Kindes von dem anderen Elternteil, so entscheidet hierüber das Familiengericht.

(4) ...

§ 1666 Gefährdung des Kindeswohls

(1) [1]Wird das körperliche, geistige oder seelische Wohl des Kindes durch mißbräuchliche Ausübung der elterlichen Sorge, durch Vernachlässigung des Kindes, durch unverschuldetes Versagen der Eltern oder durch das Verhalten eines Dritten gefährdet, so hat das Vormundschaftsgericht, wenn die Eltern nicht gewillt oder nicht in der Lage sind, die Gefahr abzuwenden, die zur Abwendung der Gefahr erforderlichen Maßnahmen zu treffen. [2]Das Gericht kann auch Maßnahmen mit Wirkung gegen einen Dritten treffen.

(2) Das Gericht kann Erklärungen der Eltern oder eines Elternteils ersetzen.

(3) ...

§ 1671 Elterliche Sorge nach Scheidung der Eltern

(1) Wird die Ehe der Eltern geschieden, so bestimmt das Familiengericht, welchem Elternteil die elterliche Sorge für ein gemeinschaftliches Kind zustehen soll.

(2) Das Gericht trifft die Regelung, die dem Wohle des Kindes am besten entspricht; hierbei sind die Bindungen des Kindes, insbesondere an seine Eltern und Geschwister, zu berücksichtigen.

(3) [1]Von einem übereinstimmenden Vorschlag der Eltern soll das Gericht nur abweichen, wenn dies zum Wohle des Kindes erforderlich ist. [2]Macht ein Kind, welches das vierzehnte Lebensjahr vollendet hat, einen abweichenden Vorschlag, so entscheidet das Gericht nach Absatz 2.

(4) [1]*Die elterliche Sorge ist einem Elternteil allein zu übertragen.** [2]Erfordern es die Vermögensinteressen des Kindes, so kann die Vermögenssorge ganz oder teilweise dem anderen Elternteil übertragen werden.

(5) [1]Das Gericht kann die Personensorge und die Vermögenssorge einem Vormund oder Pfleger übertragen, wenn dies erforderlich ist, um eine Gefahr für das Wohl des Kindes abzuwenden. [2]Es soll dem Kind für die Geltendmachung von Unterhaltsansprüchen einen Pfleger bestellen, wenn dies zum Wohle des Kindes erforderlich ist.

(6) Die vorstehenden Vorschriften gelten entsprechend, wenn die Ehe der Eltern für nichtig erklärt worden ist.

§ 1672 Elterliche Sorge bei Getrenntleben der Eltern

[1]Leben die Eltern nicht nur vorübergehend getrennt, so gilt § 1671 Abs. 1 bis 5 entsprechend. [2]Das Gericht entscheidet auf Antrag eines Elternteils; es entscheidet von Amts wegen, wenn andernfalls das Wohl des Kindes gefährdet wäre und die Eltern nicht gewillt oder nicht in der Lage sind, die Gefahr abzuwenden.

---

* § 1671 Abs. 4 Satz 1 BGB ist mit Art. 6 Abs. 2 Satz 1 GG unvereinbar und daher nichtig; vgl. Urteil des Bundesverfassungsgerichts vom 3.11.1982.

§ 1631 Tod eines Elternteils

(1) [1]Ist ein Elternteil gestorben, so steht die elterliche Sorge dem anderen Teil allein zu. [2]War der verstorbene Elternteil nach den §§ 1671, 1672 sorgeberechtigt, so hat das Vormundschaftsgericht die elterliche Sorge dem überlebenden Elternteil zu übertragen, es sei denn, daß dies dem Wohle des Kindes widerspricht. [3]Eine Vormundschaft oder Pflegschaft nach § 1671 Abs. 5 oder nach § 1672 Satz 1 in Verbindung mit § 1671 Abs. 5 bleibt bestehen, bis sie vom Gericht aufgehoben wird.

(2) [1]Das gleiche gilt, wenn die elterliche Sorge eines Elternteils endet, weil er für tot erklärt oder seine Todeszeit nach den Vorschriften des Verschollenheitsgesetzes festgestellt worden ist. [2]Lebt dieser Elternteil noch, so erlangt er die elterliche Sorge dadurch wieder, daß er dem Vormundschaftsgericht gegenüber erklärt, er wolle sie wieder ausüben. [3]Ist seine Ehe durch Wiederverheiratung seines Ehegatten aufgelöst, so gilt § 1671 Abs. 1 bis 5 entsprechend.

§ 1705 Elterliche Sorge der Mutter

[1]Das nichteheliche Kind steht, solange es minderjährig ist, unter der elterlichen Sorge der Mutter. [2]Die Vorschriften über die elterliche Sorge für eheliche Kinder gelten im Verhältnis zwischen dem nichtehelichen Kinde und seiner Mutter entsprechend, soweit sich nicht aus den Vorschriften dieses Titels ein anderes ergibt.

§ 1754 Rechtliche Stellung des Kindes

(1) Nimmt ein Ehepaar ein Kind an oder nimmt ein Ehegatte ein Kind des anderen Ehegatten an, so erlangt das Kind die rechtliche Stellung eines gemeinschaftlichen ehelichen Kindes der Ehegatten.

(2) In den anderen Fällen erlangt das Kind die rechtliche Stellung eines ehelichen Kindes des Annehmenden.

§ 1793 Aufgaben des Vormunds

[1]Der Vormund hat das Recht und die Pflicht, für die Person und das Vermögen des Mündels zu sorgen, insbesondere den Mündel zu vertreten. [2]§ 1626 Abs. 2 gilt entsprechend.

§ 1915 Anwendung des Vormundschaftsrechts

(1) Auf die Pflegschaft finden die für die Vormundschaft geltenden Vorschriften entsprechende Anwendung, soweit sich nicht aus dem Gesetz ein anderes ergibt.

(2) Die Bestellung eines Gegenvormundes ist nicht erforderlich.

2. Kinder- und Jugendhilfegesetz (KJHG) – SGB VIII

– Auszug –

§ 1 Recht auf Erziehung, Elternverantwortung, Jugendhilfe

(1) Jeder junge Mensch hat ein Recht auf Förderung seiner Entwicklung und auf Erziehung zu einer eigenverantwortlichen und gemeinschaftsfähigen Persönlichkeit.

(2) [1]Pflege und Erziehung der Kinder sind das natürliche Recht der Eltern und die zuvörderst ihnen obliegende Pflicht. [2]Über ihre Betätigung wacht die staatliche Gemeinschaft.

(3) Jugendhilfe soll zur Verwirklichung des Rechts nach Absatz 1 insbesondere

1. junge Menschen in ihrer individuellen und sozialen Entwicklung fördern und dazu beitragen, Benachteiligungen zu vermeiden oder abzubauen,
2. Eltern und andere Erziehungsberechtigte bei der Erziehung beraten und unterstützen,
3. Kinder und Jugendliche vor Gefahren für ihr Wohl schützen,
4. dazu beitragen, positive Lebensbedingungen für junge Menschen und ihre Familien sowie eine kinder- und familienfreundliche Umwelt zu erhalten oder zu schaffen.

§ 22 Grundsätze der Förderung von Kindern in Tageseinrichtungen

(1) In Kindergärten, Horten und anderen Einrichtungen, in denen sich Kinder für einen Teil des Tages oder ganztags aufhalten (Tageseinrichtungen), soll die Entwicklung des Kindes zu einer eigenverantwortlichen und gemeinschaftsfähigen Persönlichkeit gefördert werden.

(2) [1]Die Aufgabe umfaßt die Betreuung, Bildung und Erziehung des Kindes. [2]Das Leistungsangebot soll sich pädagogisch und organisatorisch an den Bedürfnissen der Kinder und ihrer Familien orientieren.

(3) [1]Bei der Wahrnehmung ihrer Aufgaben sollen die in den Einrichtungen tätigen Fachkräfte und anderen Mitarbeiter mit den Erziehungsberechtigten zum Wohl der Kinder zusammenarbeiten. [2]Die Erziehungsberechtigten sind an den Entscheidungen in wesentlichen Angelegenheiten der Tageseinrichtung zu beteiligen.

3. Strafgesetzbuch (StGB)

– Auszug –

§ 13 Begehen durch Unterlassen

(1) Wer es unterläßt, einen Erfolg abzuwenden, der zum Tatbestand eines Strafgesetzes gehört, ist nach diesem Gesetz nur dann strafbar, wenn er rechtlich dafür einzustehen hat, daß der Erfolg nicht eintritt, und wenn das Unterlassen der Verwirklichung des gesetzlichen Tatbestandes durch ein Tun entspricht.

(2) ...

§ 15 Vorsätzliches und fahrlässiges Handeln

Strafbar ist nur vorsätzliches Handeln, wenn nicht das Gesetz fahrlässiges Handeln ausdrücklich mit Strafe bedroht.

§ 77 Antragsberechtigte

(1) Ist die Tat nur auf Antrag verfolgbar, so kann, soweit das Gesetz nichts anderes bestimmt, der Verletzte den Antrag stellen.

(2) [1]Stirbt der Verletzte, so geht sein Antragsrecht in den Fällen, die das Gesetz bestimmt, auf den Ehegatten und die Kinder über. [2]Hat der Verletzte weder einen Ehegatten noch Kinder hinterlassen oder sind sie vor Ablauf der Antragsfrist gestorben, so geht das Antragsrecht auf die Eltern und, wenn auch sie vor Ablauf der Antragsfrist gestorben sind, auf die Geschwister und die Enkel über. [3]Ist ein Angehöriger an der Tat beteiligt oder ist seine Verwandtschaft erloschen, so scheidet er bei dem Übergang des Antragsrechts aus. [4]Das Antragsrecht geht nicht über, wenn die Verfolgung dem erklärten Willen des Verletzten widerspricht.

(3) Ist der Antragsberechtigte geschäftsunfähig oder beschränkt geschäftsfähig, so können der gesetzliche Vertreter in den persönlichen Angelegenheiten und derjenige, dem die Sorge für die Person des Antragsberechtigten zusteht, den Antrag stellen.

(4) Sind mehrere antragsberechtigt, so kann jeder den Antrag selbständig stellen.

§ 222 Fahrlässige Tötung

Wer durch Fahrlässigkeit den Tod eines Menschen verursacht, wird mit Freiheitsstrafe bis zu fünf Jahren oder mit Geldstrafe bestraft.

§ 230 Fahrlässige Körperverletzung

Wer durch Fahrlässigkeit die Körperverletzung eines anderen verursacht, wird mit Freiheitsstrafe bis zu drei Jahren oder mit Geldstrafe bestraft.

§ 232 Strafantrag

(1) [1]Die vorsätzliche Körperverletzung nach § 223 und die fahrlässige Körperverletzung nach § 230 werden nur auf Antrag verfolgt, es sei denn, daß die Strafverfolgungsbehörde wegen des besonderen öffentlichen Interesses an der Strafverfolgung ein Einschreiten von Amts wegen für geboten hält. [2]Stirbt der Verletzte, so geht bei vorsätzlicher Körperverletzung das Antragsrecht nach § 77 Abs. 2 auf die Angehörigen über.

(2) [1]Ist die Tat gegen einen Amtsträger, einen für den öffentlichen Dienst besonders Verpflichteten oder einen Soldaten der Bundeswehr während der Ausübung seines Dienstes oder in Beziehung auf seinen Dienst begangen, so wird sie auch auf Antrag des Dienstvorgesetzten verfolgt. [2]Dasselbe gilt für Träger von Ämtern der Kirchen und anderen Religionsgesellschaften des öffentlichen Rechts.

§ 323c Unterlassene Hilfeleistung

Wer bei Unglücksfällen oder gemeiner Gefahr oder Not nicht Hilfe leistet, obwohl dies erforderlich und ihm den Umständen nach zuzumuten, insbesondere ohne erhebliche eigene Gefahr und ohne Verletzung anderer wichtiger Pflichten möglich ist, wird mit Freiheitsstrafe bis zu einem Jahr oder mit Geldstrafe bestraft.

4. Reichsversicherungsordnung (RVO)

– Auszug –

§ 539 Versicherungspflichtige

(1) In der Unfallversicherung sind, unbeschadet der §§ 541 und 542, gegen Arbeitsunfall versichert

1. die auf Grund eines Arbeits-, Dienst- oder Lehrverhältnisses Beschäftigten,

...

14. a) Kinder während des Besuchs von Kindergärten,

...

§ 547 Zu gewährende Leistungen

Nach Eintritt des Arbeitsunfalls gewährt der Träger der Unfallversicherung, unbeschadet des § 565, nach Maßgabe der folgenden Vorschriften an Leistungen insbesondere
Heilbehandlung,
Verletztengeld oder Übergangsgeld,
besondere Unterstützung,
Wiederherstellung oder Erneuerung von Körperersatzstücken,
Berufshilfe,
Verletztenrente,
Sterbegeld,
Rente an Hinterbliebene.

§ 548 Begriff Arbeitsunfall

(1) Arbeitsunfall ist ein Unfall, den ein Versicherter bei einer der in den §§ 539, 540 und 543 bis 545 genannten Tätigkeiten erleidet. ...

(2) Dem Körperschaden steht die Beschädigung eines Körperersatzstückes oder eines größeren orthopädischen Hilfsmittels gleich.

(3) Verbotswidriges Handeln schließt die Annahme eines Arbeitsunfalls nicht aus.

§ 550 Arbeitsunfall auf dem Arbeitsweg

(1) Als Arbeitsunfall gilt auch ein Unfall auf einem mit einer der in den §§ 539, 540 und 543 bis 545 genannten Tätigkeiten zusammenhängenden Weg nach und von dem Ort der Tätigkeit.

(2) ...

§ 636 Haftung des Unternehmers

(1) Der Unternehmer ist den in seinem Unternehmen tätigen Versicherten, deren Angehörigen und Hinterbliebenen, auch wenn sie keinen Anspruch auf Rente haben, nach anderen gesetzlichen Vorschriften zum Ersatz des Perso-

nenschadens, den ein Arbeitsunfall verursacht hat, nur dann verpflichtet, wenn er den Arbeitsunfall vorsätzlich herbeigeführt hat oder wenn der Arbeitsunfall bei der Teilnahme am allgemeinen Verkehr eingetreten ist. Der Schadensersatzanspruch des Versicherten, seiner Angehörigen und seiner Hinterbliebenen vermindert sich jedoch um die Leistungen, die sie nach Gesetz oder Satzung infolge des Arbeitsunfalls von Trägern der Sozialversicherung erhalten.

(2) Das gleiche gilt für Ersatzansprüche Versicherter, die Beschäftigte eines weiteren Unternehmers sind, sowie deren Angehörigen und Hinterbliebenen gegen diesen Unternehmer.

(3) Die Absätze 1 und 2 gelten in den Fällen des § 555 a entsprechend.

§ 637 Haftung von Betriebsangehörigen

(1) § 636 gilt bei Arbeitsunfällen entsprechend für die Ersatzansprüche eines Versicherten, dessen Angehörigen und Hinterbliebenen gegen einen in demselben Betrieb tätigen Betriebsangehörigen, wenn dieser den Arbeitsunfall durch eine betriebliche Tätigkeit verursacht.

(2) ...

(3) ...

(4) § 636 gilt bei Arbeitsunfällen in den in § 539 Abs. 1 Nr. 14 genannten Unternehmen ferner entsprechend für Ersatzansprüche eines Kindes oder eines Lernenden, deren Angehörigen und Hinterbliebenen gegen den Unternehmer sowie in Verbindung mit Absatz 1 für Ersatzansprüche dieser Versicherten untereinander. Satz 1 gilt entsprechend in den Fällen des § 539 Abs. 1 Nr. 18.

§ 640 Umfang der Haftung

(1) Haben Personen, deren Ersatzpflicht durch § 636 oder § 637 beschränkt ist, den Arbeitsunfall vorsätzlich oder grob fahrlässig herbeigeführt, so haften sie für alles, was die Träger der Sozialversicherung nach Gesetz oder Satzung infolge des Arbeitsunfalls aufwenden müssen. Statt der Rente kann der Kapitalwert gefordert werden.

(2) Die Träger der Sozialversicherung können nach billigem Ermessen insbesondere unter Berücksichtigung der wirtschaftlichen Verhältnisse des Schädigers auf den Ersatzanspruch verzichten.

5. Versicherungsvertragsgesetz (VVG)

– Auszug –

§ 149 Umfang der Haftung

Bei der Haftpflichtversicherung ist der Versicherer verpflichtet, dem Versicherungsnehmer die Leistung zu ersetzen, die dieser auf Grund seiner Verantwortlichkeit für eine während der Versicherungszeit eintretende Tatsache an einen Dritten zu bewirken hat.

§ 150 Kosten des Rechtsschutzes

(1) [1]Die Versicherung umfaßt die gerichtlichen und außergerichtlichen Kosten, die durch die Verteidigung gegen den von einem Dritten geltend gemachten Anspruch entstehen, soweit die Aufwendung der Kosten den Umständen nach geboten ist. [2]Dies gilt auch dann, wenn sich der Anspruch als unbegründet erweist. [3]Die Versicherung umfaßt auch die Kosten der Verteidigung in einem Strafverfahren, das wegen einer Tat eingeleitet wurde, welche die Verantwortlichkeit des Versicherungsnehmers einem Dritten gegenüber zur Folge haben könnte, sofern diese Kosten auf Weisung des Versicherers aufgewendet wurden. [4]Der Versicherer hat die Kosten auf Verlangen des Versicherungsnehmers vorzuschießen.

...

§ 151 Betriebshaftpflichtversicherung

(1) [1]Ist die Versicherung für die Haftpflicht aus einem geschäftlichen Betrieb des Versicherungsnehmers genommen, so erstreckt sie sich auf die Haftpflicht der Vertreter des Versicherungsnehmers sowie auf die Haftpflicht solcher Personen, welche er zur Leitung oder Beaufsichtigung des Betriebs oder eines Teiles des Betriebs angestellt hat. [2]Die Versicherung gilt insoweit als für fremde Rechnung genommen.

...

§ 152 Vorsätzliche Herbeiführung des Versicherungsfalls

Der Versicherer haftet nicht, wenn der Versicherungsnehmer vorsätzlich den Eintritt der Tatsache, für die er dem Dritten verantwortlich ist, widerrechtlich herbeigeführt hat.

eigene Vormerkungen

eigene Vormerkungen

eigene Vormerkungen

eigene Vormerkungen

Stichwortverzeichnis

Die Stichworte verweisen auf die Seiten (S.) im Text.

Stichwortverzeichnis

Die Stichworte verweisen auf die Seiten (S.) im Text.